EL
ELEMENTO
HUMANO

EL ELEMENTO HUMANO

BRIANNA WIEST

Traducción de Puerto Barruetabeña Diez

Título original: *The Human Element*

Traducción: Puerto Barruetabeña Diez

Diseño de cubierta: Thought Catalog Books

© 2015, Brianna Wiest

Publicado por acuerdo con The Thought & Expression Company Inc,

De la presente edición en castellano:
© Distribuciones Alfaomega S. L., Gaia Ediciones, 2024
   Alquimia, 6 - 28933 Móstoles (Madrid) - España
   Tel.: 91 617 08 67
   www.grupogaia.es - E-mail: grupogaia@grupogaia.es

Primera edición: octubre de 2025

Depósito legal: M. 9.288-2025
I.S.B.N.: 978-84-1108-147-4

Impreso en España por:
Artes Gráficas COFÁS, S.A. - Móstoles (Madrid)

Índice

Introducción

NO NECESITAS SER una persona profundamente espiritual para comprender qué es el elemento humano, cómo te afecta a ti o qué se supone que debes hacer con este libro cuando lo leas.

Para empezar, tienes que ser una persona.

Aunque tal vez no. Me da la impresión de que Brianna diría que también nuestras mascotas presentan ese elemento humano, lo que no significa que este libro sea grandilocuente o demasiado trascendental, ni que le atribuya sentido a las cosas más mundanas, porque nada más lejos de la realidad.

Lo que quiero decir es que el elemento humano está en todo, porque el sentido ya se encuentra ahí: es el elemento. El sentido habita en nosotros y solo tenemos que empezar a buscarlo.

Ahí es donde entra en juego Brianna Wiest.

Desde que empecé a leer sus obras (e incluso antes) percibí que ella pertenece a ese grupo de personas que consideran que tú ya tienes todas las respuestas, que en realidad todos las tenemos, pues están en algún lugar profundo de nuestro interior, aunque ahogadas por el exceso de ruido, de interferencias y de mierda (lo expreso a su manera, pues, sea cual sea la imagen que te hayas formado de Brianna, has de saber que dice palabrotas). Nos olvidamos de cómo ser humanos en parte porque actuamos en la vida por inercia, también porque contamos con máquinas y obligaciones que nos permiten y nos animan a sumirnos en el olvido, y además porque es lo más fácil. Cuando no eres humano, te libras de sentir. Solo tienes que reprimir emociones y seguir adelante. Sin rumbo. No importa hacia dónde, siempre y cuando continúes avanzando.

Por supuesto, esa no es forma de vivir, y todos lo sabemos. Pero rara vez escuchamos. Y aunque lo intentemos, nos cuesta salir del marco que nos hemos creado, que el mundo ha establecido para nosotros, y que nos resulta cómodo para continuar como hasta ahora.

El elemento humano, eso que habita en nosotros, que intenta liberarse de las ataduras y que no se deja silenciar por mucho que nos empeñemos, no está dispuesto a aceptar esa forma de vida. Y por eso se rebela y entonces creemos que nos sucede algo malo, en lugar de hacernos la pregunta necesaria: ¿por qué?

Se trata de una pregunta importante. ¿Por qué esto? ¿Por qué cualquier cosa? ¿Por qué ahora?

Brianna no finge tener todas las respuestas. Esto no es un libro de autoayuda, sino una herramienta, una clave, un código. Si te preguntas cómo examinarte, cómo cuestionar tu vida y lo que haces con ella, cómo sacar a la luz quién eres en realidad y cómo continuar a partir de ahí, Brianna no puede darte las respuestas. Y lo sabe. Es comprensiva y, gracias a eso, es consciente de muchas cosas.

Y sabe que tú también lo eres.

Todos tenemos un propósito en la vida. Algunos están destinados a comprender antes que otros: son las almas que lo consiguen y deciden continuar, dejándonos a los demás con promesas de lo que podría ser también para nosotros. Sin embargo, algunas personas alcanzan esa comprensión y regresan para ayudar a aquellas almas a las que les está resultando más difícil. Brianna llegó a mi vida cuando yo lo estaba pasando mal porque estaba tardando demasiado en comprender. Ella me tendió la mano y creo que no se la voy a soltar nunca.

Porque algunas personas están hechas para ascender por la escalera de nuevo a tu lado. Para aprender dos veces. Porque saben que nunca dejamos de aprender.

El elemento humano siempre tiene ganas de sumar más conocimientos, más sabiduría, más verdad.

Y darás con eso, no importa si eres espiritual o no, solo necesitas un poco de confianza. Puedes hacerlo. La capacidad de lograrlo está en tu interior. Siempre ha estado ahí.

ELLA CERON
24 de junio de 2014

1

Somos verdades coexistentes

EL RETO MÁS SINTOMÁTICO al que nos enfrentamos en nuestra vida cotidiana es intentar salvar mentalmente los vacíos que se abren entre nuestras verdades coexistentes.

Existimos y fluctuamos dentro de ciertas dicotomías: cosas que ocurren y que sabemos, aunque realmente no podamos conocerlas, otras que entendemos sin que exista una razón, creencias a las que nos aferramos sin más cuestionamientos. Lo que la lógica muestra y la filosofía rebate. Nuestra percepción inmediata de lo que somos y la naturaleza en la que existimos en realidad. No hay una verdad mayor que otra, tan solo percepciones más en consonancia con nuestra consciencia en diferentes momentos.

Si nunca nos animan a reflexionar sobre lo que existe más allá de lo físico (ni sobre la existencia

de lo físico gracias a eso), irónicamente nos perdemos en la idea de que el «yo» es lo único que hay
y que eso (ese nosotros) se define por lo que hacemos, lo que parecemos y por cómo nos perciben
los demás. Por curioso que parezca, la idea del
«yo» casi siempre orbita alrededor de los otros.

Seguramente esa sea la mayor verdad coexistente
que tenemos que aceptar, por encima de todas las demás: nosotros podemos ser al mismo tiempo efímeros
y eternos, una dualidad con una sola forma, conscientes y, a la vez, no del todo, solo hasta cierto punto.

Cuando solo estamos dispuestos a aceptar que
la realidad es lo que percibimos de forma física,
nos pasamos la vida atribuyéndole sentido a cosas
que, en el fondo, no lo tienen y son temporales. Y
como nuestra única referencia del valor de algo es
física y, por tanto, parte de los demás, no podemos
evitar sentirnos insuficientes en esa comparación.
Nos definimos con títulos y etiquetas limitantes y
temporales, y entramos en guerra con los otros y
sobre todo con nosotros mismos. Esto es lo que
ocurre cuando estamos demasiado atados a la
perspectiva de nuestra mente. Es la naturaleza de
la psique, que está diseñada para la supervivencia.
Pero en esta época moderna, en la que normalmente todos tenemos las necesidades físicas cubiertas y la supervivencia no es una preocupación

cotidiana, ya no *necesitamos* funcionar así. Sin embargo, para llegar a trascender ese estado hace falta dar un giro hacia la consciencia y hacia algo más grande que lo que somos aquí.

Lo sé. Yo también he tenido que salvar los espacios entre unas cuantas verdades. Es algo que ha estado en mi interior toda la vida, la verdad más cierta que puedo compartir, pero hacerlo requiere de una vulnerabilidad extrema que no deseaba mostrar. He confiado mis experiencias a algunos amigos, a mi madre, a un asesor en la universidad, a mis médicos y a un par de compañeros de trabajo, pero hasta ahora a nadie más.

Gracias a otras obras escritas, a diversas lecturas y conversaciones, he descubierto que lo que experimenté en mi niñez no es anormal; el problema es, más bien, que no hablamos de este tipo de experiencias, a pesar de que son muy comunes. Y lo que resulta aún más determinante: no las compartimos con los demás, aunque muchos (por no decir la mayoría de quienes las experimentan, yo incluida) opinen que revelan una verdad muy pertinente y universal, un secreto sobre lo que estamos buscando, una respuesta a lo incontestable, un camino hacia el lugar en el que nos aguarda el propósito más profundo y la paz incomparable a la que todos, en cierto modo, aspiramos.

Aunque lo sabía, me seguía resistiendo. Solo quería ser como me veían los demás: estudiante, hermana, amiga, amante, escritora. Pero, evidentemente, no somos la suma de los títulos que otras personas utilizan para definirnos, como tampoco somos el conjunto de órganos, sangre y aliento que necesitamos para sobrevivir. Somos muchas verdades que existen al mismo tiempo. Esto no es una contradicción; es la naturaleza. Existimos gracias a la paradoja y precisamente por ella: la naturaleza solo se sostiene a través de un ciclo de creación y destrucción. Del mismo modo, somos a la vez nuestro ser físico y metafísico, que existen como uno. Y somos conscientes de este último a través de la destrucción del primero o, en algunos casos, de la trascendencia consciente.

He entendido que una experiencia así nos revela que somos una luz interior rodeada por un cascarón exterior y que el objetivo de este viaje consiste en comprender que todas las cosas encierran el éxtasis, pero que debemos romper esa coraza para descubrirlo. Si revisamos nuestra vida, reconoceremos que los acontecimientos que percibimos como verdaderamente trágicos resultaron ser los más cruciales, los más valiosos, los puntos de inflexión, los milagros, los despertares. Al final comprendemos que no debemos buscar fuera de nosotros para encontrar o descubrir las cosas, porque estas son lo que revelamos, destapamos y recordamos tras un proceso específico que está fuera de nuestro control y, al mismo tiempo, encaja perfectamente con nuestras necesidades.

La verdadera libertad consiste en advertir que tu ser físico es una ilusión, una experiencia temporal de un ser eterno que se asoma al exterior. No eres el pensamiento, sino lo que se desprende a través de él; no eres el sentimiento, sino lo que se revela gracias a él.

La idea de que estamos separados no es más que otro mecanismo de la mente. Somos profundamente diferentes, pero nos une la misma naturaleza, que nos hace iguales a los demás, al universo. Si observamos con atención los ríos y los caminos que trazan los mapas, veremos que muestran un patrón muy similar al de las venas de nuestras muñecas; del mismo modo, el dibujo de las ramas desnudas de los árboles en invierno recuerda a nuestras terminaciones nerviosas. Si aprendemos a percibirnos desde fuera de nuestras mentes humanas, nos daremos cuenta de que nuestra propia luz es un reflejo de la totalidad, pues somos células del mismo cuerpo, extensiones de los demás y, sin embargo, al mismo tiempo, nuestra propia creación. Somos la energía del universo que se escapa durante un tiempo. El objetivo de cualquier preso es encontrar la forma de liberarse. Solo podemos existir gracias al contraste, en un estado de creación y destrucción simultáneas, y todo esto no es más que otro ejemplo de ello.

Porque, incluso cuando nos damos cuenta de que hay un yo interior que nos guía y que está en paz, que no se preocupa por los problemas y los contratiempos del mundo, que es mayor que la suma de las partes que nuestra mente cree que somos, sigue habiendo algo dentro de nosotros que quiere preservar el ego, permanecer en el seno de la mente pensante. Eso es el elemento humano. Es lo que hace que la dicotomía sea un milagro y la frontera final que debemos conquistar. Entendemos la diferencia, podemos incluso percibirla, pero si no trascendemos el deseo de sentirnos socialmente aceptados, universalmente deseados, superiores, externos y permanentes, volveremos a caer en los ciclos implacables que nos llevan a perseguir justo eso, para nunca conseguir el objetivo.

En mi caso, todo surgió a raíz de una experiencia médica en la que me vi despierta y dormida al mismo tiempo; además, notaba la diferencia entre esas dos naturalezas esenciales: la ligera, libre, fuerte, serena y hermosa, y la que estaba encerrada de manera temporal. Logré transformar mi vida gracias a esa consciencia; el hecho de que te encuentres ahora mismo leyendo este libro es una clara prueba de ello. Me he dado cuenta de que muchas veces nos mostramos críticos con el optimismo por miedo a que no sea verdad. Desconfiamos de quienes han descubierto esas verdades y las viven porque una parte de nosotros teme no llegar a lograrlo. Pero no existe nada «demasiado bueno para ser cierto»; tan solo está «lo bueno», y no es posible vivir de otra manera que no sea absoluta y conscientemente. Esa es la única verdad que existe y la realidad definitiva que sale a la luz cuando dejamos a un lado todo lo demás.

2

Lo que no sabías
que podías elegir

NO HAY UNA FORMA CORRECTA de abordar el proceso de comprendernos más profundamente a nosotros mismos; lo único importante es identificar que hay algo que abordar. Existen diversas prácticas, teorías y enseñanzas; esas variadas interpretaciones y metodologías son necesarias porque cada persona está en un momento temporal y en un tramo del viaje distintos. Al final el recorrido es el mismo, pero hay diferentes caminos para realizarlo, por así decirlo.

En teoría, todo es una experiencia espiritual, solo que nosotros la definimos a partir de incidentes aislados, gracias a los cuales nos vamos volviendo más activa y deliberadamente conscientes de ella.

Las «experiencias espirituales» o «experiencias extracorpóreas», como yo las denomino, tienen una utilidad: te despiertan, expanden tu consciencia y, con el fin de que accedas a esta, te conectan con la parte de ti que no requiere de un medio físico para ello, aunque solo sea durante un momento.

Ser espiritual es ser humano. En teoría, eso nos hace conscientes de la idea de que somos manifestaciones espectaculares de nuestros propios campos energéticos. En la práctica, focaliza nuestra consciencia para que permanezcamos sentados, respirando de una forma muy consciente, hasta que nuestro cuerpo desaparezca de nuestra comprensión.

Estas experiencias no tienen que ser radicales e intensas. No están reservadas para unos cuantos elegidos ni son infrecuentes. Se trata, en mi opinión, solo de momentos y circunstancias que te cambian porque te hacen más consciente de tu naturaleza esencial. Te sanan y te ayudan. Te conectan con una verdad mayor que la realidad física que ves y comprendes. Pueden ser tan simples como seguir una intuición y obtener resultados positivos, o tan complejas como experimentar que tu ser interior abandona tu cuerpo físico; tan sencillas como sentarte y hacerte consciente de tu respiración o tan profundas como una meditación guiada de varias horas; tan comunes como ir a un concierto; tan misteriosas como mirar una foto de otra época y darte cuenta, sin saber cómo, de que estuviste ahí; tan ordinarias como reflexionar, leer un libro, escuchar música, mirar el cielo, preguntarte por lo que te influyó a la hora de hacer algo o qué pensamientos o acciones nacen de una sensación abstracta y existencial.

El objetivo es que cada una de estas prácticas haga desaparecer el velo que supone una vida centrada en la mente. Cuando eso ocurra, estarás dirigiendo tu vida desde tu yo interior. El «Dios» que habita en tu interior es esa parte de ti que nunca se apagará y que trascenderá cuando tu cuerpo desaparezca.

La idea no es que leas un libro o contemples las nubes esperando que se produzca un cambio, sino que elijas ver en esos actos algo lleno de verdad, misterioso y cautivador por su propia naturaleza efímera e ilusoria. Y no es que esas experiencias estén reservadas solo para los elegidos; se trata de una decisión. Al margen de esos momentos únicos y aislados, para ese fin, para vivir desde la perspectiva de tu yo integral, tu yo luminoso, es necesario que tomes una decisión.

La República de Platón incluye una parábola que me gusta mucho y que narra algo parecido a esto: hay un grupo de prisioneros encadenados en una cueva y detrás de ellos arde una fogata. Por la forma en que están sentados, encadenados de espaldas al fuego, los prisioneros solo ven sombras de figuras en movimiento entre siluetas de árboles, animales y colinas, nada más. Esta historia concluye con una pregunta: si uno de ellos se liberara y, viendo la verdad, lo que ocurre, el origen de su «realidad» ficticia, se lo contara a los demás, ¿estos le creerían?

No pretendo ocupar el papel de la persona libre y darte a ti el del prisionero; quiero hablarte desde lo más profundo de la realidad de lo que somos, los dos iguales, aquí encadenados, y susurrarte que la luz no es algo hacia lo que debas dirigirte, sino lo que tienes que empezar a reconocer en ti. Está dentro de ti, no detrás.

Las sombras no pertenecen a otras personas; son tuyas.

No tienes que esperar ni depender de una verdad externa que te explique la realidad de las cosas. Puedes elegir cambiar ya mismo tu consciencia y, con ella, toda tu experiencia. Si decides empezar a actuar ahora, serás tu propio epicentro de control. El problema es que no nos han mostrado cómo conseguirlo, cómo vivir desde la perspectiva de nuestro yo interior; nos enseñan a obedecer las normas, a vivir siempre con cierto temor y a seguir adelante hasta que lo hayamos «hecho bien».

Para lograr el cambio hace falta decidirse a mirar lo ordinario en el contexto de cómo podría devenir extraordinario. No es que haya solo una línea específica de pensamiento que resulte correcta; puedes elegir si quieres o no reestructurar tu mentalidad a tu manera, fomentar tu propia perspectiva al hacerlo y contemplar cómo eso cambia tu vida.

La propia naturaleza de esa acción te hace consciente de la mente y, por consiguiente, del alma. De lo que se basa en la mente y del yo interior.

Estamos condicionados para creer que solo hay una realidad y que esa es la única que podemos ver: la que los demás crean para nosotros, la que no nos exige autoconfianza, sino que vivamos dirigidos por las opiniones y convicciones ajenas. No es de extrañar que resulte tan difícil escuchar a nuestro instinto, que tiene ya la voz muy débil porque la hemos silenciado con la lógica y el ego. O más bien con la lógica y el ego que otras personas nos imponen.

Esto es lo que sabemos: sabemos que sabemos. Somos conscientes de la consciencia. Sabemos que nuestro paso por aquí es efímero y que durante ese tiempo tan corto entre dos infinitudes nos vemos atrapados con la razón. O más bien solo podemos esperar que así sea. Pero esa esperanza se basa en otro elemento muy real de la condición humana: la necesidad de comprender nuestro propósito viene de saber que hay un propósito. Y si observar nuestras propias vidas y las de los demás puede revelarnos algo, lo más probable es que descubramos que ese propósito es el crecimiento.

Estamos condicionados a permanecer en la superficie del pensamiento y llenar cada momento con rutinas y seguridades. Pero, cuando esa estructura se tambalee, como no puede ser de otra forma (la vida no se desarrolla como la mente asegura que debería, sino como el alma la dirige), nos enfrentaremos a la ansiedad porque no hemos profundizado en las complejidades de la vida cotidiana y el único sentido que le hemos asignado es el que hemos encontrado en la superficie. Las aguas tranquilas tras la ebullición solo muestran una olla que no contiene nada especial; si aceptamos eso como una verdad definitiva, jamás dejaremos de vivir en el interior de ese recipiente carente de sentido, a menos que reconozcamos que siempre hubo una lumbre debajo.

Tú eliges lo que importa. Tú le asignas valor a las cosas. Da igual si eso está en consonancia con la mentalidad colectiva de la gente. No tiene nada que ver con discutir o mostrar nuestro desacuerdo sobre asuntos subjetivos, sino con lo que encuentras cuando te liberas de las capas de expectación y pensamientos preconcebidos. No guarda ninguna relación con la religión, tanto si forma parte de tu vida como si no. Se trata de ti. Esto no es teoría; es práctica. Es el centro que eliges para dirigir tus acciones, el modo en que controlará y cambiará tu vida.

Esto es lo que ocurre cuando nos convertimos en los directores de nuestro propio universo sin abandonar, al mismo tiempo, nuestra condición de seres efímeros en la vastedad de un cosmos mayor. Esto es lo que pasa cuando aceptamos que esta experiencia es una acumulación de productos de nuestra imaginación, creaciones de nuestras intenciones y, sobre todo, el equilibro entre lo que decidimos que importa. Porque nosotros decidimos. En cada momento elegimos dónde centramos nuestra atención y qué significa hacerlo, y así estructuramos nuestras vidas.

Solo encontraremos lo que buscamos. Y si he descubierto algo, es lo siguiente: por alguna razón que desconozco, es muy probable que esto fuera lo que has estado buscando.

3

Fuera del cuerpo
y dentro de la luz

La PRIMERA VEZ que «abandoné» mi cuerpo fue de forma involuntaria. Tendría unos quince años.

Somos seres condicionados y deseamos tener el control, entre muchas otras cosas. Nos han criado en una sociedad (o más bien somos propagadores de ella) con un relato muy limitado que se espera que adoptemos. Las experiencias que quedan fuera de esos límites casi nunca se reciben con el sincero interés propio de una mente abierta, sino con miedo. Y justo fue eso lo único que sentí cuando perdí el control físico y me quedé atrapada en un estado crepuscular, con mis dos formas jugando al tira y afloja conmigo.

No recuerdo exactamente cuándo fue la primera vez que me ocurrió, pero sé que experimenté al menos una docena de episodios antes de que una noche me despertara gritando que no quería volver a sentir algo así porque no estaba preparada.

Y ahora te diré lo primero que merece la pena saber sobre el universo: nos escucha.

Vivía estas experiencias cuando me hallaba en un estado transitorio de consciencia, es decir, al entrar en el sueño o al despertar, aunque al conciliar el sueño solían darse con más frecuencia. Poco a poco iba abandonando la consciencia, aunque no del todo, y de repente no me podía mover. Justo en esos momentos, con los últimos retazos de conocimiento antes de dormirme, sentía que me iba alejando (esa palabra describe de forma bastante precisa la sensación física). Entonces el pánico se apoderaba de mí; era como si pudiera sentir cómo vibraba cada célula mientras escuchaba un zumbido constante y familiar. Sentía que la vibración y la sensación de entumecimiento ascendían poco a poco por mi cuerpo, en oleadas. Por mucho que intentara moverme o despertarme, era incapaz de detener aquello.

Consulté con psiquiatras y neurólogos. Me evaluaron y me sometieron a diversas pruebas. Estudiaron mis ondas cerebrales e intentaron inducirme convulsiones. Consideraron todas las posibilidades incluidas en los protocolos médicos, pero no sirvió de nada. Aparentemente no tenía ningún problema de salud. Solo padecía episodios de «parálisis del sueño», así lo llamaban, que, según deduje a partir de sus explicaciones y de la impasibilidad que mostraban ante mi problema, era un trastorno bastante común.

Por resumirlo en pocas palabras: se produce cuando el cerebro libera las sustancias químicas para hacer dormir al cuerpo, pero no segrega al mismo tiempo las que tienen el mismo efecto sobre tu mente, tu consciencia. Permaneces despierto y atrapado en tu cuerpo dormido, paralizado pero consciente. Es surrealista y aterrador, la experiencia más antinatural y cercana a la muerte. Y al mismo tiempo es profundamente iluminadora. Me costó varios años salvar el vacío abierto entre esas dos verdades: que podía ser ese yo espiritual y a la vez preocuparme por los insignificantes detalles cotidianos que afectaban a mi yo físico. Continué viviendo durante años sin conectar de forma consciente con mi yo interior, a pesar de que se expandía hasta ejercer una firme presión contra mi mentalidad.

La segunda cosa que merece la pena saber sobre el universo es que susurra hasta que empieza a gritar (y la tercera es que el universo está en ti).

En realidad, el milagro de todo esto no tiene nada que ver con la naturaleza de estar simultáneamente despierto y dormido, sino con lo que ocurría cuando no estaba atada a mi cuerpo. Así es como tuve mi primera revelación y, aunque estoy segura de que había escuchado ese mismo mensaje en incontables ocasiones, esta fue la primera vez que lo interioricé: no somos nuestra forma física. No morimos cuando lo hace nuestro cuerpo. Continuamos con todos los que nos rodean. Y eso es lo que yo hice.

Antes de explicar lo que viví mientras estaba «fuera» de mi cuerpo (he oído que algunas personas lo describen como un «viaje astral», pero yo no me identifico con ese término), debo advertir que algunas personas consideran que la primera parte de esta experiencia, y la más importante, es una alucinación. Sobre esta experiencia existen leyendas, teorías y relatos que se han transmitido de generación en generación en varias culturas y a lo largo de muchos siglos, historias que narran todo lo que la gente ve, oye y hace mientras está inmersa en ella. Reconozco el misterio y el miedo. Eso también me ha pasado. Recuerdo momentos concretos en los que estaba soñando. Esos episodios tenían un carácter alucinatorio evidente, con todas las detalladas rarezas, la extrañeza y la intensidad que suelen tener los sueños que recordamos. No puedo hablar en nombre de otras personas, pero en mi caso había una clara diferencia entre eso y el reconocimiento de la pura consciencia de un yo que está dentro de una masa vibrante de extremidades y órganos. Se trata de una diferencia que se percibe con absoluta claridad.

Si perteneces a ese grupo de personas firmemente convencidas de que todo responde a una alucinación, respeto y entiendo tu punto de vista. Pero, aun en el caso de que mi experiencia fuera una ficción creada por mí, insisto en que eso no importa tanto como lo que aprendí y la transformación que se produjo en mí cuando por fin encajé todas las piezas.

En cuanto alcanzaba el punto de no retorno y me adentraba en uno de estos episodios, ocurrían unas cuantas cosas de forma simultánea. Me volvía completamente consciente de la energía que había a mi alrededor. Notaba y comprendía todo lo que estaba presente en la habitación en la que me encontraba e incluso más lejos si decidía hacerme consciente de ello. Sentía claramente la diferencia entre lo aguda y liviana que era la frecuencia a la que funcionaba mi cuerpo espiritual y lo grave y pesada que era la de mi cuerpo físico. Casi tenía la sensación de que ambas no podían coexistir y que la razón por la que estaba trascendiendo era para que mi cuerpo espiritual encontrara una frecuencia diferente con la que encajar en el lugar al que pertenecía.

No podría decir cuánto tiempo duraban estos episodios, solo que a mí me parecían muchas horas, aunque imagino que no podían ser más que unos minutos. En ese estado realmente no existen los conceptos de comunicación auditiva u oral, así que cuando digo «vi» u «oí» no estoy hablando de forma literal. Tenía los ojos cerrados. La gran mayoría de las cosas son cuestiones de percepción, incluso cuando estás dentro de tu cuerpo, y, cuando estás fuera de él, los sentidos son irrelevantes. Hay una sensación predominante que es más poderosa y profunda que todos los sentidos combinados. Es instintiva y omnisciente. Además, nunca cesa (con el tiempo he aprendido a conectar con ella mientras estoy despierta, como hacemos todos cuando «seguimos nuestro instinto», «tenemos una sensación» y cosas por el estilo).

La parte aterradora para mí no eran los sueños ni las alucinaciones, sino la sensación más que palpable de disociar tu cuerpo físico de otro cuerpo «real». Es la experiencia más antinatural que se puede tener estando vivo. Es como morir, solo que no haces la transición completa hacia la muerte.

Comprender la diferencia entre los dos cuerpos y, por consiguiente, el propósito de su unión, me transformó. Esa mínima comprensión fue suficiente para prender la chispa que inspiró una

pequeña llama de curiosidad que no quise alimentar durante muchos años. El viaje y la historia
que cuento en este libro no son los de una experiencia extracorpórea. Eso es tan solo el principio.
El viaje es lo que he llegado a comprender después.

4

Cómo perderte a ti mismo

CUANDO ERA PEQUEÑA, a veces me quedaba sentada mirando la palma de mi mano y repetía mi nombre mentalmente (casi como un mantra), como si tratara de convencerme de que esa mano era parte de mi cuerpo y de que ese cuerpo se correspondía con mi nombre. Si lo hacía durante el tiempo suficiente, me inundaba una sensación de trascendencia, surrealista pero serena. No recuerdo qué edad tenía cuando empecé a hacerlo, pero, aunque solo sea para contar esta historia, digamos que tenía siete años. Fue la primera vez que tuve una «experiencia espiritual», aunque no habría podido describirla así entonces. Fue el primer momento en que miré algo desde la perspectiva de mi yo interior y, sin ser consciente de ello, experimenté claramente cómo se hallan la trascendencia, la serenidad, el surrealismo y todas esas cosas apetecibles, interesantes y atractivas. Debes recordar que la mano que observas y el nombre que repites mentalmente no son lo real; lo real es la persona que oye tus intentos de unir esas piezas.

Fue el principio de lo que con el tiempo se convertiría en una necesidad de comprender quién era, un interés inocente que creció y se expandió hasta volverse una compulsión que duró una década. Se trató de un instante fugaz de claridad que en aquel momento me pareció justo lo contrario: un catalizador y un punto de partida. Aunque, evidentemente, entonces no lo sabía porque no era más que una niña. Supongo que nunca nos percatamos de los inicios fundamentales; nos parecen finales, desafíos y preguntas insalvables que no tienen respuesta. Al parecer, siempre ocurre así.

Creía que la comprensión definitiva de mí misma llegaría tras encontrar una verdad universal, algo que solo pudiera hallar después de acumular muchas verdades y unir los puntos en común. Nunca he leído nada sin sumergirme en la historia, la escena o la idea, como tampoco he pensado nunca en el pasado sin preguntarme qué parte de la condición humana empuja a la gente a actuar de esa forma y entonces recordar las ocasiones más cotidianas y menos importantes de mi vida en las que también me sentí así. Me he pasado años aprendiendo sobre mí misma a través de otras personas, a partir de la perspectiva de sus experiencias. A cierto nivel sabía que, fuera quien fuera yo, también tenía que ser quienes fueran ellos, aunque aún no había asimilado esa información.

Ese aprendizaje no solo me resultó inútil, sino que me dejó más perdida de lo que jamás imaginé que pudiera estar una persona. Estaba buscando una idea que me ayudara a saber quién era, una que fuera cierta, real y duradera. Una idea que me cambiara y creara mi vida según fuera mostrando su verdad. Y eso era algo que no iba a encontrar así.

La razón por la que esa idea me sigue resultando atractiva y también el hecho de que somos más que nuestro cuerpo físico reside en mi antigua creencia de que yo no era más que la suma de lo que otras personas comprendían de mí y eso me llevó a sumirme en mis peores momentos. No podré hablarte de comprender quién eres si no consigo que me entiendas y lo más sincero que puedo decirte es que no he venido hasta aquí para convencerte de mi perfección, sino para mostrarte lo mucho que he sufrido por no comprender quién era.

Sin embargo, esa comprensión no alivió mi sufrimiento; solo logré salvarme cuando empecé a vivir mi vida y elegí ver cada momento desde esa perspectiva.

No he escogido esa palabra, «salvarme», a la ligera o al azar. Nunca conseguía ser lo que se suponía que tenía que ser, no estaba en consonancia con lo que me exigían las palabras y las definiciones que utilizaba para describirme. No dejaba de redefinirme en mi mente porque necesitaba desesperadamente encontrar un propósito y una sensación de pertenencia, sentirme digna, amada y con una razón para seguir viviendo. Necesitaba ser consciente de una trayectoria que llevara a un futuro, pues era lo único que me permitía creer que hubiera uno. Apenas podía soportar la certeza de verme atrapada en mi cuerpo físico, pues consideraba que el dolor, los defectos, los fallos, la vergüenza y el odio que sentía era lo único que había. Necesitaba saber quién era para poder establecer la existencia de un futuro y tenerlo en mente para contar con una razón para seguir.

Si era estudiante, quería ser maestra. Si tenía un título de Lengua y Literatura, quería un trabajo así o asá. Si era amante, quería ser pareja. Si era hija, quería ser amiga. Si era amiga, quería ser confidente.

El deseo de saber quiénes somos es una convicción universal y viene precisamente de eso: del anhelo de comprender la enorme, desconocida y amenazante realidad de adónde demonios vamos, tanto en una escala más limitada, la de nuestras vidas, como en una mucho mayor, la que se haga presente cuando estas acaben. La existencia de ese deseo ya nos demuestra que algo en nuestro interior sabe que somos más que lo que nos define en la superficie, que podemos definirnos por los trabajos que hacemos, la relación que tenemos con los demás, nuestra etnia, sexo, rasgos físicos o país de origen, pero, en último término, nada de eso integra toda la verdad.

Porque muy pocas veces nos damos cuenta de que lo que realmente necesitamos es perdernos a nosotros mismos. O, más bien, perder la idea que tenemos de nosotros. Y esa pérdida incluye y expresa la profundidad y el propósito de lo que yo experimentaba cuando miraba la palma de mi mano mientras repetía mi nombre en un intento de unir las partes de mi «yo» humano, cuando sufría una crisis al sentir que no valía nada porque todavía pensaba que lo único bueno que había en mí era lo que percibían los demás, y cuando abandoné mi cuerpo y descubrí que no había nada que entender sobre uno mismo, sino que lo único que hacía falta era liberarse de cualquier comprensión. Entonces aprendes a separar las aguas del mar de tu mente y permites que la verdad fundamental emerja hasta tu consciencia: el hecho de «encontrarte a ti mismo» no tiene nada que ver con «comprenderte». Solo significa ser y ser consciente. O, más bien, renunciar a todo lo que te impide apreciar lo que realmente eres.

Encontrarte no significa definirte; es dejar ir lo que se supone que tienes que ser y actuar sin someterte a la perspectiva de otra persona que te perciba como esto o lo otro y solo de esa forma. Por tanto, no se trata de conocernos a nosotros mismos, sino más bien de experimentarnos. En última instancia, la idea del conocimiento te limita. Cuando te decides por una etiqueta, sientes la necesidad de estar en consonancia con aquello que nombra y dejas de lado la verdad más profunda y auténtica para centrarte en lo que crees que deberías ser. Te mantienes a ti mismo y a tu vida dentro de los límites dictados por las etiquetas y los conceptos que has creado y eso termina dominando la forma en la que crees que deberías comportarte.

El problema es que la idea de quienes somos supone un obstáculo en nuestro camino hacia la aceptación y la experiencia de la esencia de nuestro yo. Por irónico que resulte, abandonar el pensamiento conceptual del «yo» (separarte de la forma física y pensar en ti mismo como algo inmaterial) te abre a la posibilidad de ser más de lo que tu mente jamás llegó a imaginar.

Somos más que los papeles que representamos para los demás, más que lo que fingimos ser para nosotros mismos, más que nuestros trabajos y el lugar que ocupamos en nuestra relación con otras personas. Somos una combinación de todas esas cosas y, al mismo tiempo, esta mezcla solo crea una ilusión que hace aflorar la verdad. No es necesario que nuestras posibilidades se vean limitadas por esos términos en ningún momento.

Porque perder un trabajo no te resta integridad, ni tampoco el hecho de no tener a alguien especial en tu vida o una familia a tu alrededor. No tener un talento con el que poder definirte no te convierte en menos digno. No eres tu trabajo, ni tus relaciones personales, ni el lugar en el que vives, ni dónde te has criado, tampoco aquello que te apasiona, lo que haces, lo que has hecho, dónde vas o dónde has estado.

No estamos definidos por las opiniones maleables y volubles de los demás ni por los títulos o los términos que emplean.

Somos la parte intangible pero presente de la que deriva la dignidad humana.

Somos lo que encontramos cuando perdemos todo lo que creíamos que deberíamos ser y dejamos de intentar hallar algo nuevo. No somos lo que había en las acciones del pasado ni el potencial del futuro; nuestros futuros no dependen de lo que pensamos que somos. No nos convertimos solo en lo que otras personas pueden comprender. No somos la suma de lo que podemos demostrar que somos, ni las cosas que hemos hecho, ni las que prometemos hacer; tampoco quienes creemos que somos, sino solo quienes experimentamos ser. No somos nuestra mente ni nuestro cuerpo; somos lo que experimentan nuestra mente y nuestro cuerpo.

Somos lo que intuimos cuando pensamos en todos los elementos de nuestro cuerpo (los huesos, la sangre, el corazón que late y los pulmones que respiran) y advertimos que no somos nada de eso y, a la vez, la combinación de todo. No somos una recopilación de las cosas que tenemos físicamente o hacemos mentalmente, aunque nuestras mentes las unan para crear la persona que creemos que deberíamos ser.

Somos algo interno e invisible que reside ahí durante un tiempo y que la mente, que solo puede comprender los huesos, la sangre, el corazón y los pulmones, nunca será capaz de abarcar. Algo que solo podemos experimentar cuando precisamente renunciamos a esa mente. Somos la consciencia que guía, la presencia que se expande más allá de esta minúscula vida.

Somos lo que encontramos cuando nos perdemos a nosotros mismos.

5

Lo que existe solo
en tu mente

HAY UNA DIFERENCIA entre lo que algo es y lo que creemos que es, entre lo que somos y lo que creemos que somos. Más bien esa diferencia se encuentra entre la idea de que algo existe y la consciencia de que todo es una ilusión.

Suena abstracto y nada práctico, pero es una verdad que subyace a las cosas que más nos importan: no superamos la ausencia de alguien solo porque ya no esté, sino que lo hacemos cuando dejamos atrás la ilusión de que tenemos que seguir pasando el duelo. No nos despertamos un día y empezamos a querernos, sino que nos vamos dando cuenta poco a poco de que las razones por las que no lo hacíamos eran falsas creencias que manteníamos de forma ilógica. Nos comparamos con los demás para moldear esas ideas, nos contamos nuestra vida a través de la mente de los demás, porque la ilusión de su percepción, cuando la recreamos en nuestra mente, es algo que podemos controlar.

Y necesitamos sentir ese control. Cuando podemos afirmar (o, más bien, elegimos asumir y creer) que la percepción de la realidad de otra persona está en consonancia con la nuestra, experimentamos una serenidad y una sensación de pertenencia sin precedentes y además encontramos un terreno firme sobre el que por fin podemos descansar: no estamos locos, esto es real, esto importa. Nosotros importamos.

Creamos nuestras ilusiones porque las necesitamos.

Las ficciones son más fáciles de ver porque no necesitamos tenerlas delante para creer en ellas. No dudamos de su existencia pues siempre están ahí para reconfortarnos y permitirnos vivir la vida que imaginamos que queremos.

Sin embargo ahí reside el problema: cuando la ilusión no es la verdad, ambas acaban chocando. La ilusión solo nos limita.

Así que esa sensación de tranquilidad se desvanece, surge la disonancia y nos sentimos ansiosos, bloqueados e irracionalmente deprimidos: entramos en guerra con nuestras ilusiones. Empezamos a destruir lo físico porque es más fácil matar a un hombre que a un fantasma. Desmontamos nuestra vida pieza por pieza y durante un segundo nos sentimos liberados. Estamos en la luz. Hemos dejado ir todo. Sabemos que nada importa. Durante un breve segundo simplemente somos.

Hasta que abandonarlo todo nos deja inmersos en la ilusión de la nada. Y entonces creamos otra.

Las cosas intangibles que están presentes en nuestra vida son esas de las que creemos que no podemos prescindir, las ilusiones con las que tenemos que vivir para poder seguir adelante.

Al final entendemos que todo es una sucesión infinita de expresiones, de ideas distorsionadas, la simple alineación de las ilusiones en las que creemos y cómo las proyectamos en el mundo y en nuestras experiencias. La felicidad parece proceder de lograr las cosas que creemos que alimentarán esa ilusión, y la infelicidad surge cuando nos damos cuenta de que tenerlas no ha llenado el vacío, por lo que construimos una nueva ilusión para reemplazar a la antigua. Todas las cosas falsas y fugaces son productos de esto y la única forma de trascender es simplemente ser consciente.

El pasado parece un lugar mejor porque la ilusión cambió a la vez que nosotros. Nuestras vidas son solo proyecciones perpetuas de nosotros mismos. Cualquier tensión por una situación concreta se disipa de inmediato en cuanto la miramos desde otra perspectiva, porque de repente nos damos cuenta de que nuestra percepción solo era una entre otras posibles. Y eso no tiene que ser necesariamente así.

Es imposible dejar ir las cosas que solo existen en tu mente. Lo único que puedes hacer es ser consciente de que están ahí, formular las preguntas adecuadas, desafiar las creencias, poner las suposiciones y las certezas sobre la mesa y desmontarlas. Dudar de lo que te han enseñado, del todo, del núcleo y la raíz, y de todo aquello que nunca te cuestionarías.

El mayor secreto de la vida consiste en comprender que esas cosas no son parte de nosotros. No son naturales. Podemos deshacernos de nuestras ilusiones con tanta facilidad como las creamos; solo tenemos que ser conscientes de que no son más que eso, ideas.

Si no lo haces, acabarás viviendo en la ilusión que los demás han creado para ti. Y llamarás a eso «realidad».

6

Lo temporal en lo eterno

He INTENTADO ESCAPAR de mi cuerpo durante años, de forma física y de otras maneras. El hecho de saber que es temporal y fugaz no logró que lo apreciara más, solo me hizo desear librarme de él cuanto antes. Quería seguir adelante, encontrar la luz, ese algo más grande que había más allá, lo que fuera que tiraba de mí de dentro afuera.

Ansiaba librarme de mi cuerpo y a la vez estaba demasiado conectada a él. Me sentía engañada y dolida porque continuaba atrapada en mi idea mental de lo bueno y lo malo, lo correcto y lo incorrecto. Le daba tanta importancia y valor a lo que era temporal, pasajero, efímero y humano que, cuando esas cosas fallaban, tan solo deseaba escapar.

Hasta ahora he hablado mucho de la separación. He planteado todo desde el contexto de lo que ocurre después de escapar, renunciar, crucificar al cuerpo físico o, al menos, la idea de ese cuerpo. Pero hay un elemento crucial que no se puede pasar por alto: la solución no está en escapar. En realidad, no hay ningún sitio al que huir. El ciclo de la vida y la muerte no se detendrá. No hablamos de abandonar este cuerpo físico, sino solo de trascenderlo. Soy consciente de que, al emplear esa palabra, ya estoy introduciendo otro tópico, pero la realidad es que buscamos rellenar todos los vacíos internos externamente y eso es algo que nunca lograremos.

Siempre creí que la vida era simplemente algo a lo que había que sobrevivir. Pensaba que estaríamos aquí por un tiempo, pero que al final regresaríamos a algún tipo de utopía celestial bañada en luz blanca. Nunca consideré que estar aquí fuera algo bueno, ni la posibilidad de que no volviéramos a ese estado luminoso por sistema, sino porque ese resultado encaja con nuestra energía, sin importar dónde estemos.

Un cuerpo es un satélite, un hogar temporal, una residencia efímera pero segura. Puede descifrar señales, energías y ondas, y bloquearlas. Representa la seguridad de que no nos dispersaremos por el universo, aunque solo sea durante un segundo en medio del tiempo infinito. Nos vincula firmemente con la materia; nos encierra en ella. Nos fuerza a soltar y a transformarnos para trascender. Es el mecanismo de crecimiento definitivo y la última frontera.

Si decides entenderlo de este modo, las células son como píxeles, y los cuerpos, como núcleos. Sabemos que evolucionamos y cambiamos y que la suma de nuestras partes no refleja nuestra totalidad, pero rara vez consideramos el hecho de que quizá, cuando no estamos situados de forma permanente, nos disipamos. Tal vez dejamos fragmentos de nuestro yo fracturado en las cosas que tocamos, en las personas que amamos y en las partes del mundo que se ven alteradas por nosotros.

Consideramos nuestro cuerpo como un desastre inconveniente y disfuncional que solo sirve para realizar una tarea o cumplir un deber que provocará respeto y admiración en los demás. Vivimos nuestra vida a ese «nivel corporal» y solo aceptamos lo que vemos en la superficie.

Pero tu cuerpo siempre te va a fallar y es importante que lo reconozcas. Aun así puedes amarlo y descansar tranquilamente en su interior, permitirte experimentar a través de él y dejar que te cambie, aunque al final tengas que dejarlo ir.

Pues, cuando tu cuerpo falle, como sucederá inevitablemente, no significará que te hayas defraudado a ti mismo. Si solo te identificas con tu cuerpo, estarás desvinculándote por completo del profundo mar que se encuentra tan solo a escasos centímetros por debajo. Tu cuerpo no está programado para la trascendencia, sino para la supervivencia. Aunque tus necesidades esenciales estén cubiertas, no terminarás de aceptarlo y continuarás en la respuesta de «lucha o huida». Empezarás a utilizar esos instintos en situaciones para las que no están pensados.

La idea es que no existe otro lugar en el que merezca la pena estar más que donde te encuentras. No se trata de algo para sobrevivir y soportar, sino para desafiar, abrazar, encajar o vencer. No es algo que superar y dejar atrás, sino algo que permites que te atraviese para lograr avanzar. Para pensar en ello tenemos que mirar hacia atrás.

7

La mente olvida, pero eso permanece grabado en el alma

UNA DE LAS PRINCIPALES funciones de nuestro yo físico o, más bien, del apego que sentimos por él, consiste en apreciar la silenciosa corriente subterránea que nos guía y nos impulsa a buscar la permanencia. Esa necesidad se muestra en momentos cotidianos, como en las fotos, en las cartas o las notas que guardamos, en nuestro deseo de reconocimiento, de dejar un legado, de continuar un linaje. Se trata de un deseo innato y profundamente humano.

Para nosotros hay algo hermoso en la idea de que viviremos más allá de nuestro tiempo. Es como si cogiéramos lo que de ninguna manera puede ser para siempre y lo hiciéramos eterno. Al centrar una parte de nosotros en el propósito de alguna manera nos expandimos hacia el futuro.

Ansiamos la sensación de eternidad y solo podemos aplicarla a lo que ya conocemos. Pero la belleza reside en una de estas dos cosas: la esperanza o el reconocimiento. Normalmente, en ambas.

Tal vez la verdad concreta más acuciante que no logramos reconocer en nuestra vida cotidiana es que no podemos recordar conscientemente la mayoría de lo que experimentamos.

Las semanas diluyen los detalles aleatorios que solo resurgen cuando se buscan deliberadamente y esas semanas se convierten en meses, y los meses en años, y nos damos cuenta de que solo hace falta un día, a veces incluso solo una hora, para desconectar completamente de lo que fuera que nos parecía tan real, tan intensamente doloroso, tan claramente inconquistable.

Tal vez la capacidad de nuestra mente para renunciar a esas cosas sea nuestro recurso más poderoso. Fui consciente de esta realidad poco a poco, en momentos concretos en los que me di cuenta de que podía dibujar el esqueleto de algunos años, pero no la carne y la sangre de los mismos. Intentaba trazar el camino que llevaba a un miedo profundo y me quedaba en blanco. Detectaba una ansiedad aleatoria y recurrente y comprendía que tenía que sentarme y escarbar para descubrir su origen. Era como si la mente pudiera renunciar, pero las cosas permanecieran grabadas en el alma.

Tengo que volver y encontrar esos recuerdos, volver a montarlos pieza por pieza, darles sentido desde la distancia y resolver lo que queda en mí repasando los detalles y deshaciendo lo que se hizo. He llegado a descubrir que el acto de deshacer era la única cosa que importaba de verdad.

Porque los recuerdos que permanecen con nosotros son los que nuestras mentes no tienen que procesar; aquellos que no bloqueamos por necesidad ni esos sobre los que tenemos que reflexionar para darles sentido. No son los recuerdos que nos persiguen hasta que los obligamos a retirarse, ni los que resultan tan dolorosos que tenemos que volver a procesarlos hasta elaborar uno nuevo, más seguro (aunque no sea del todo cierto). Los recuerdos genuinos, puros, de nuestra vida son los más insignificantes.

No se trata de lo que recordamos. Es lo que permanece en lo que no, tanto desde nuestra vida presente como desde las dos infinitudes desconocidas que esperan a ambos lados.

Conocí a Steve la noche en que me acerqué con una amiga hasta un local cercano para asistir al concierto de una banda que nunca había visto tocar en directo. Ella lo vio en el otro extremo de la sala (era su antiguo jefe, propietario de una tienda de antigüedades): era alto y mayor, pero también amable, hablador y simpático. Se puso a charlar con ella mientras yo iba a por unas copas. Me fijé en que tenía la mano izquierda cubierta por un guante de color carne.

No sé muy bien cómo derivó la conversación hacia ese tema, pero acabó contándonos que su tienda se había quemado en un enorme incendio unos años atrás y que él estuvo a punto de morir. De hecho, tenía quemaduras de tercer grado en gran parte de su cuerpo. Nos explicó que la mano se le había quemado hasta el hueso; no quedó más que el esqueleto. Le conté que era escritora y que ese día había escrito algo sobre que no recordamos conscientemente las cosas que más importan y que precisamente había utilizado la analogía de un esqueleto para describirlo. Después siguió con su relato.

La noche del incendio, Steve estaba durmiendo en el suelo de la tienda. En esa época vivía los últimos coletazos de un divorcio muy complicado y, como se encontraba agotado a causa del estrés emocional, se quedó dormido nada más cerrar el local. Se despertó dos meses después, tras haber estado en un coma inducido, y descubrió que los bomberos lo habían encontrado junto a la puerta, porque evidentemente había intentado escapar. Él no recordaba absolutamente nada desde el momento en que se había dormido hasta el día en que se despertó en el hospital.

No obstante, la verdad había ido aflorando de formas inesperadas y subconscientes. Sentado con unos amigos junto a una chimenea, el crujido de la madera lo dejó paralizado contra el respaldo del sofá, con la adrenalina bombeándole en las venas. Algunas noches se despertaba de madrugada por unos sueños en los que reproducía una versión simbólica de lo que había pasado antes de que las llamas lo envolvieran. Él cree que las verdades a las que su mente había renunciado quedaron grabadas en alguna parte más profunda de su ser y, aunque, a pesar de sus intentos, es incapaz de recordar las escenas, todavía se encuentra inmerso en ellas y a merced de sus emociones.

Cuando hablo de que la mente renuncia a los recuerdos me refiero a que las experiencias más reales, cruciales y que nos cambian la vida son las que no recordamos. No estoy hablando solo de lo que no recordamos en el tiempo que pasamos despiertos, sino también, claro, de lo que hay en las enormes zonas desconocidas de donde provenimos y hacia donde nos dirigimos. Es evidente que no nos acordamos de esas respuestas por alguna razón; no porque necesariamente resulten demasiado dolorosas, sino más bien porque aún no estamos funcionando dentro de ese nivel de receptividad. Eso y el hecho de que, incluso cuando nuestras mentes olvidan, una parte más profunda de nosotros recuerda.

8

Encuentra la paz
en la aceptación
de la temporalidad

EXISTIMOS GRACIAS a la paradoja y por ella. Si la naturaleza se mantuviera infinitamente en proceso de creación, explotaríamos y, si ocurriera lo opuesto, implosionaríamos. Solo podemos funcionar gracias a la mismísima naturaleza fundamental de la pérdida y la ganancia, que se desarrolla de una forma hermosamente trágica en nuestras vidas; pero no hay otra manera de ser y tampoco de poder ser. Dicho de una forma más sincera e identificable, sabemos que no podemos mantener siempre una sensación de «felicidad» constante en nuestra vida; ni siquiera la persona más conectada e iluminada de todas puede vivir así, sin ningún altibajo. Estamos diseñados de esa manera. Nadie supone que debamos ser «felices» todo el tiempo, aunque aborrezcamos profundamente cualquier sensación que percibamos como negativa. Un mal día se convierte en una mala vida, caemos en la impotencia y vivimos a merced de una psique interna que se diseñó para elevarse, descender y fluctuar.

Una de mis citas favoritas de Emerson es: «La naturaleza es siempre coherente, aunque finja contravenir sus propias leyes. Las mantiene y parece trascenderlas. Arma y equipa a un animal para que encuentre su lugar y vida en la tierra, y, simultáneamente, hace lo mismo con otro animal para que destruya al primero».

Aunque se trata de un ejemplo extremo y obviamente relacionado con un tipo de vida basado en la supervivencia, que ya tiene muy poco que ver con la mayoría de nosotros, pone de manifiesto la verdad más cruel e incómoda: que nos pasamos la vida buscando, creando y preocupándonos tanto por nuestros atributos físicos, nuestra reputación y nuestras recompensas monetarias que nos olvidamos de que estamos equipados con las herramientas para crear todo eso, mientras que el universo también tiene la capacidad de arrebatárnoslo al final. Vivimos para crear esa ilusión, aunque pocos de nosotros nos damos cuenta de que lo es, y cuando aparece otro animal armado y equipado para destruirla (ese animal suele ser la naturaleza, el tiempo o la inevitabilidad), nos desmoronamos por fuera y después por dentro.

Las principales cosas que buscamos son la aceptación y el reconocimiento y, por eso, nuestro estado de paz y tranquilidad oscila con tanta frecuencia. Todos sabemos lo que se siente ante la necesidad de agradar a un grupo de gente anónima dispuesta a juzgarnos. Todos en algún momento hemos actuado para conseguir eso: la atención y la admiración de la gente. Es algo que surge de lo más profundo de la realidad y que tiene tres ramas: la mente superviviente que quiere que la incluyan, el ego superviviente que necesita ser superior, y algo más abajo, la mente que está conectada con el alma, la que sabe que necesita amor para encontrar paz.

Pero nunca logramos estar totalmente inmersos en la seguridad. No podemos seguir sin provocar el juicio de otro. En términos literalmente físicos, además de metafóricos y mentales, debido a la naturaleza del universo, si analizamos cualquier crónica de un periodo de la historia, nos damos cuenta de que no estamos a salvo ni de la destrucción natural, ni de la enfermedad, ni de nosotros mismos, ni de los demás.

A un nivel más moderno y literal, nunca encontraremos una paz que dure eternamente. No vamos a establecer un acuerdo universal y tampoco se supone que debamos lograrlo: estamos desperdigados por diferentes lugares en este viaje, venimos de perspectivas variadas, hemos experimentado cosas distintas y nos han condicionado de formas diversas.

Pero, aunque existimos en diferentes niveles y fases del desarrollo y asistimos al choque de ideologías y al desequilibrio de las frecuencias, olvidamos que todo se puede coordinar. La paz está en la seguridad temporal y fugaz, en la aceptación de que nada está garantizado. No se trata de una guerra interna para probar que la ley natural se equivoca. Ese es el problema con la mente y el ego: que siempre pensamos que podemos demostrar que algo está del todo equivocado.

Una noche, cuando era niña, sentí un terrible dolor de estómago. Recuerdo que estaba sentada en la cama de mi madre con las piernas cruzadas, y me apretaba con fuerza la barriga. Entonces mi madre, con toda la tranquilidad del mundo, me dijo: «Esto también pasará». Yo era muy pequeña y ella lo soltó como si nada, pero en ese momento fui consciente de que incluso el mayor dolor cesa con el tiempo. No porque lo dijera ella, sino porque sabía que era verdad: había experimentado ese dolor antes y lo haría después, pero por el momento tenía que encontrar consuelo en el hecho de saber que no duraría.

Dejando a un lado las referencias bíblicas, esa cita se convirtió en mi mantra. No me lo tomé como si fuera un verso o un mensaje, solo adopté las palabras que mi madre me dedicó y las llevé conmigo durante muchos, muchísimos años.

Pero, cuando me lo fui repitiendo a lo largo de esos años, como recordatorio de que incluso los dolores más duros y crueles pasarían, entendí que encerraba un segundo significado: que la belleza y la paz del momento también pasarían. Escribí la frase en diferentes páginas de mi diario y también en algunas notitas adhesivas que tenía siempre a la vista (para actuar como un recordatorio cuando lo necesitara). Al leer esa frase con tanta frecuencia, aunque no sintiera ningún dolor, comprendí que fuera lo que fuera lo que estuviera viviendo en ese momento pasaría también, pues todo es fugaz, no solo los momentos que detestamos. No hay forma de conservar lo que estamos viviendo, ni tampoco podemos disfrutarlo durante más rato que el que nos permite el tiempo y la inevitabilidad, ni de encontrar más felicidad que la de aprovechar lo que tenía durante el breve tiempo que pudiera. La única forma de disfrutar cada momento realmente (de estar presente) es saber que no durará siempre.

No podemos encontrar la paz fuera de nosotros. De hecho, no merece la pena perseguirla, ni tampoco la felicidad o la aceptación, desde cualquier sitio que no sea una perspectiva interna. No es algo que encuentras, es algo que descubres en ti y que después ofreces a los demás. Solo puede venir de tu interior, primero porque es un principio, y además porque, si la persigues, acabarás con las manos vacías.

Solo podemos saber con seguridad que estamos aquí durante un tiempo y que, pase lo que pase en nuestro interior, eso es lo que merece la pena cultivar. Somos lo único que dura más que todos los momentos colectivos que inevitablemente pasan. Es la única cosa que nos llevaremos con nosotros y que la naturaleza no puede destruir.

9

Tu vida se desarrolla a partir de tu yo interior, no de tu mente

SIEMPRE SUPE lo que iba a ser de mí, aunque al mismo tiempo no me lo podía creer cuando empezó a suceder. He contado muchas veces que yo no quería ser escritora y que empecé en esta profesión por casualidad o, más bien, según mi visión de las cosas, por un propósito que no tenía nada que ver con mi capacidad artística personal (al menos, eso creo yo). Carlo Levi escribió una de mis citas más preciadas: «El futuro tiene el corazón antiguo». El escritor Cheryl Strayed utilizó esa frase en una columna para expresar esta misma idea: que nosotros sabemos lo que vendrá, pero al mismo tiempo no podemos conocer lo que pasará.

Es como si la mente solo pudiera percibir lo que ve, pero el alma supiera algo más. No es la «mente» la que tiene su futuro arraigado en la antigüedad.

Esta es una de las enseñanzas más importantes y más comunes que puedes escuchar sobre el asunto de crear felicidad en tu vida: los pensamientos se convierten en cosas. Crece aquello en lo que estás centrado, se manifiesta aquello en lo que has puesto tu energía y se hace realidad aquello en lo que crees.

Lo que piensas es lo que vas a crear
en tu vida.

Pero no se trata tanto de lo que pensamos como de lo que sentimos. No es que no nos lo hayan enseñado, pero todavía hablamos de ello como si las creaciones de nuestra vida estuvieran arraigadas en la mente, cuando esta, por su propia naturaleza, es una ilusión.

Pero lo que sí puede hacer la mente es cultivar el sentimiento. Y cuando crees eso desde lo más profundo, desde el corazón de tu yo interior, empiezas a ver que los milagros ocurren, que tu vida empieza a convertirse en lo que sabías que sería. Afirmo a menudo que me siento agradecida de no haber conseguido nunca lo que creía que merecía. Pero muy pocas veces añado que creo que conseguí exactamente lo que sentía que merecía. Los límites entre ambas cosas se difuminan fácilmente, pero la realidad es que los milagros de nuestras vidas son solo aquellos en los que hemos creído todo el tiempo, tanto si nuestras mentes los han procesado como si no. No hace falta que la mente participe en el proceso. Su frecuencia no es tan fuerte, tan potente, ni tan real como la del alma, la de la luz y la de la verdad.

A muchos de nosotros nos resulta difícil encontrar esa convicción interna profunda de que valemos más de lo que cualquier otra persona nos ha dicho. No es algo con lo que te topas sin más, en muchas ocasiones derruir los muros que lo recubren requiere de años de trabajo. Aquí es donde entra el pensamiento consciente. Y así es como lo cultivamos. No es tanto un asunto de si tu mente se dispersa mientras haces las tareas diarias, sino más bien de permitirte pensar más allá de los confines de la normalidad. De empezar a activar la adrenalina pensando en el potencial de lograr lo que hay en tus sueños más atrevidos.

Si quieres algo extraordinario en tu vida, tienes que empezar a creer en ello en tu interior y proyectarlo hacia el exterior, y, para facilitarlo, lo único que puedes hacer es pensar fuera de los límites del pensamiento a los que estás acostumbrado.

Estamos condicionados por una ideología muy limitada y muy particular de la «aceptabilidad». Sabemos lo que está bien y lo que no, pero probablemente no nos tomamos el tiempo necesario para ser activamente conscientes del hecho de que esta estupidez estructural no es más que eso: una estupidez.

En cuanto empiezas a limitarte pensando solo en los parámetros de lo que es aceptable desde la perspectiva no solo de tu mente, sino también de las mentes de los demás, estás volviendo a bases que ya has cubierto, a territorios que has recorrido, a pensamientos que has articulado, a ideas que has ejecutado, a posibilidades que has borrado. A la mente le encanta el control y odia lo desconocido, es una dicotomía natural.

Y puede estar a tu servicio como catalizador de tus manifestaciones o como obstáculo para asegurarse de que nunca las consigas. Esto sucede si piensas más allá de lo que acostumbra y la conviertes en una cerilla que prende un fuego.

Nada nuevo, innovador y original logrará la aceptación inmediata. Como he dicho antes, a las personas les encanta el control y odian el cambio. Y eso no supone un problema, porque el hecho de que te den o no su aprobación no tiene nada que ver contigo, sino solo con ellos. Tampoco está relacionado con si lo que estás haciendo es aceptable o merece la pena, y, sin embargo, tiene todo que ver con si los otros son felices o están satisfechos o no con sus propias vidas y sienten la necesidad de manifestar sus inseguridades y defectos denigrando a los demás.

Y lo que es más importante: la única parte de ti que busca eso es tu ego. No puedes funcionar, crear o vivir feliz si estás esperando la aprobación de todo el mundo, como te exigirá la mente; no importa cuántas veces nos lo digan, nunca dejamos de hacerlo. Nunca escuchamos ni comprendemos de dónde viene y por qué, y por eso no podemos detenerlo de ninguna manera.

Muchas veces apagamos nuestro brillo por miedo. Amortiguamos nuestra luz porque no queremos que otra persona la juzgue. Tenemos miedo de soñar más allá de los límites, de actuar fuera de ellos, de ser más grandes de lo que nunca pensamos que podríamos llegar a ser. Y lo peor es que el ego te dice que solo estás siendo realista. Pero lo «realista» solo te lleva a la realidad que tienes ahora.

¿Crees que fue realista cualquier gran innovador, escritor, artista, ingeniero o diseñador que creó algo nuevo, que transformó el mundo o la cultura? No. Si no te arriesgas ahora, ¿lo harás alguna vez? ¿Por qué no asumir mayores riesgos cuando hay más cosas en juego? ¿Qué es lo peor que puede pasar? Y lo que es más importante, ¿qué es lo mejor? ¿Vas a conseguir todo lo que sueñas? ¿Por qué no te mereces esa felicidad ilimitada? Te la mereces, ¿sabes? Y no es el resto del mundo el que te está reteniendo para que no la alcances.

Lo único que te frena es lo que crees que no puedes hacer. Un relato falso, una carretera difícil que no lleva a ninguna parte. Pensar de forma realista solo te encadena a lo que tu realidad ya es.

10

El amor como catalizador

L A FORMA EN QUE RECONOCEMOS la verdad a nivel subconsciente es la misma en que nos enseñan a reconocer el amor consciente.

Las cosas que más me han interesado en la vida (tanto ideas como personas) nunca lo han hecho por cuestiones de lógica. No importa lo que nos hayan enseñado, cuando oímos, leemos o vemos algo que comprendemos como profundamente cierto, lo aceptamos como algo natural. Nos enseñan que así debería suceder también con el amor en el sentido romántico («cuando lo sabes, lo sabes»), pero hay muchos elementos que nuestros cuerpos y espíritus han interpretado de infinidad de formas distintas y por eso se vuelve casi imposible conectar con ellos, y mucho menos comprenderlos y confiar en ellos.

En mi vida, el reconocimiento del amor y la verdad solo ha sucedido en dos ocasiones, exactamente cuando leí estas dos citas breves:

«Lo que ha de dar luz debe soportar quemarse».

VIKTOR FRANKL

«Arde de amor y deja que ese fuego queme todo lo que hay entre vosotros».

IAIN S. THOMAS,
I Wrote This For You

En esas dos breves frases he encontrado la descripción más adecuada del amor como yo lo he conocido (no es coincidencia que en ambos casos lo vinculen con la luz).

Tengo que reconocer que el amor romántico es el catalizador del despertar más común, en parte porque todos estamos unidos de forma inherente con él a nivel espiritual y emocional, y también porque estamos vinculados a ideas de expectativas y propósitos que hemos fomentado y adoptado esencialmente sin darnos cuenta. Es lo que percibimos como la forma definitiva de trascendencia humana, el mayor logro que podemos conseguir en la vida. Y cuando no nos sale como queríamos, nos vemos en la necesidad de dar un paso atrás y evaluarlo todo de nuevo.

Nuestras mentes funcionan siempre a la espera de ser salvados. Se trata de algo inherente a la naturaleza de nuestra psique: la supervivencia significa que hay un objetivo más allá de ese esfuerzo, una luz al final de tanta lucha. Es la forma moderna de aplicar una verdad esencial para nosotros: que esto una vez no fue más que un juego de supervivencia, pero que nuestra consciencia y nuestros esfuerzos para darle sentido y situar la comprensión en su interior nos han llevado a la era de la razón, que ha traído consigo un conjunto de diferentes «males». No importa a qué nivel funcionemos, lo hacemos con la comprensión, o la consciencia colectiva, de que hay algo de lo que tenemos que salvarnos. Y creemos por encima de todo que el amor puede conseguirlo, y esperamos que lo haga.

Pero el amor solo puede salvarnos hasta el punto de cambiarnos lo suficiente para que nos salvemos nosotros.

Nuestra definición de la palabra *amor* es tan limitada que nos engañamos, en el sentido de que normalmente solo la utilizamos en relación con un objetivo romántico o familiar. Pero es algo mucho más profundo. Forma parte de nuestra fibra.

Es la esencia de lo que necesitamos para estar completos; lo que se percibe cuando alguien se disculpa por las batallas que ha tenido que librar con su ego para aceptar alguna cosa, cuando dos desconocidos se encuentran y reconocen algo extraño pero familiar en el otro o cuando alguien se emociona y se le saltan las lágrimas por la cosa más ordinaria porque, de repente, se ha dado cuenta de que el sentido no existe en ninguna otra parte. Y por eso ahora mismo estoy aquí sentada para contarte con sinceridad y conocimiento de causa que el único amor que puede salvarte es el que se encuentra en tu verdad más profunda, en ese núcleo que al final consigue vencer y salir al exterior; el principio que te guía, eso por lo que se fundan religiones, se inician guerras y se vive la vida. El gran impulso que sentimos todos para seguir avanzando. La parte infinita. Eso que está impregnado en todo nuestro ser, en cada parte, y que no se reserva exclusivamente para una persona o una relación, sino que es una forma de vida global y una corriente subyacente que te dirige. Los grandes amores lo son por lo que te aportan incluso mucho después de que ya no estén, no por el deseo humano egoísta de mantenerlos para siempre.

El amor más verdadero y profundo que experimentarás en tu vida no es ese que durará para siempre, que te protege y te mantiene a su lado incondicionalmente. No es un amor fácil y natural en el que todo va sobre ruedas. El amor más profundo y verdadero que conocerás es el que te cambia radicalmente. Cuando vuestros seres interiores se unan, por la propia naturaleza de su conjunción, la luz que refracten hacia el interior y a través de ambos sacará a la superficie las partes que no han sanado, las que tienes que solucionar por tu cuenta. Esa luz no podrá sanarlas, sino tan solo revelarlas. No puedes meter a alguien a la fuerza en tu parte rota y esperar que la repare y te deje completo de nuevo.

Lo único que merece la pena saber sobre el amor que existe bajo la superficie es que podemos encontrarlo mostrando una absoluta convicción en lo más profundo de nosotros, en el extremo de nuestra tolerancia, en el lugar que ha quedado arrasado tras haber agotado todas las opciones. Podemos darnos cuenta o no, pero ese es el objetivo: que sirva de fibra y a la vez también de sustento; que sea, al mismo tiempo, todo lo que somos y lo que necesitamos evolucionar para llegar a ser.

Aprender a amar a alguien normalmente es la forma en que sanamos esas heridas y eso ocurre cuando nos damos cuenta de que solo estamos empezando a aprender a amarnos a nosotros mismos. El amor es la tarea humana más satisfactoria por esa misma razón: porque se hace con nuestra sensación de propósito, la externaliza y, al hacerlo, llena ese famoso vacío que hay en nuestro interior.

Es obvio que la esencia de ese amor propio es algo confuso y cuestionado. Se pierde en el miedo al narcisismo, se olvida porque resulta tópica y manida, se ignora porque es confusa e indefinida. Pero se trata sencillamente de estar conectado contigo, con tu yo más profundo, y después amar a alguien desde ese lugar.

El acto más milagroso de mi vida ha sido el amor. Aunque ahora me siento privilegiada y agradecida por muchas cosas, el amor es algo extraordinario. No lo digo porque todavía lo tenga y lo encuentre cada día al llegar a casa, pues no es así, ni porque cuente con alguien en mi vida que me ame y me apoye incondicionalmente, porque ya no tengo a nadie, sino porque no creo que mucha gente pueda asegurar haber tenido el privilegio de conocer a una persona con la que conecta a tal nivel que todo se ve revolucionado.

A mí me pasó. Conocí a una persona, con la que compartí un amor maravilloso, que estaba al mismo tiempo cargada de dolor y de una pasión que llenaba el alma. Pero éramos dos seres profundamente afectados por lo que la vida nos había deparado antes, indefensos ante la palpable intensidad de aquello que había surgido entre nosotros, y lo estropeamos todo con expectativas, lo encadenamos con inseguridades y demostramos por nuestra cuenta que el viaje del verdadero amor no siempre es fácil y sin contratiempos. Porque el amor más fuerte, el amor predestinado, ese con el que mejor conectas, exige que seas lo más íntegro posible. Es el más generoso, pero también suele ser el más breve. Y es el que inspira poemas, obras de teatro, relatos, novelas y canciones. Historias como esta, que no hablan de una relación en concreto, sino de la vida tan completa que desarrollas porque has conocido a alguien que te ama lo suficiente como para hacer eso por ti. Del mismo modo es el amor más doloroso. Y ese es el objetivo de encontrarlo.

Es el amor que te crea o, más bien, te pone en contacto contigo mismo; no es el dolor que deja cuando se acaba. No es el amor que alguien no dio, sino el que tenías que encontrar en ti mismo cuando advertiste que no estaba ahí para dárselo a los demás, aunque cada fibra de tu cuerpo deseara desesperadamente hacerlo.

Al final nos sentimos muy agradecidos no por lo que aún conservamos, sino por lo que encontramos en ese momento. La verdad es que perdemos todas las cosas que amamos y las personas, evidentemente, no son una excepción. Cada momento con ellas es suficiente y al mismo tiempo ninguno lo será. No se trata de no querer que haya un para siempre, sino de darte cuenta de que el amor que encuentras fuera de ti es lo que más se parece al amor que tienes dentro, de que las personas con las que conectamos son las que de alguna forma sabemos que son parte de nosotros, aunque tal vez todavía no lo sean de forma física o real. El amor verdadero es ese que te despierta y te hace saber que este instante en el que no tienes un medio físico para tu conocimiento interno no es un estado permanente, solo algo temporal; un momento pasajero y transitorio que nunca habrías sabido que eras capaz de conocer si no te hubieras encontrado con esa persona.

11

Dónde encontrar
tu propósito

NO CREO QUE EXISTA eso que la gente llama misterios. Creo que algunas respuestas son más
difíciles de encontrar que otras, que algunas no las
entendemos durante un tiempo o por alguna razón,
y que hay otras que nuestros cerebros finitos son
incapaces de procesar, pero eso no significa que no
existan. El más común de esos misterios tan esqui-
vos cuyas respuestas buscamos es una sensación de
propósito global y a la vez esencial: por qué y para
qué estamos aquí. Nos aferramos a esa idea de un
propósito necesario, de tener que buscar lo que
«está destinado a ser» y notamos enseguida la presión y el impulso hacia algo en nuestro interior que
crece y se eleva cuando nos dicen o, más bien, sentimos, que algo es nuestro deber. Queremos respuestas. Necesitamos propósitos.

Le damos sentido a cosas a las que otras personas se lo dan también. No hay otra forma de crecer y aprender. Los hilos de pensamiento consciente se tienen que desarrollar primero mediante la expansión de la mente, y la división posterior es lo que encontramos cuando nos fallen esas ideas a las que estamos predispuestos.

Vinculamos la idea de propósito con un sentido profundo y sagrado. Buscamos saber que nuestro «propósito» tiene que ver con la razón por la que estamos aquí y la finalidad que eso tiene para los demás y también para nosotros mismos. Queremos algo que hacer, saber que no somos solo materia irrelevante que va flotando por ahí de un lado para otro, sin más. Intentamos pertenecer, aunque es obvio que nuestra pertenencia es inherente; todo lo demás no es más que una ilusión de la mente.

Tanto si logras descubrir mentalmente cuál es tu propósito como si no, el hecho es que lo estás viviendo. A veces no podemos ni debemos saber lo que se supone que estamos haciendo; si así fuera, no lo haríamos. Si estamos siguiendo una trayectoria, continuaremos en camino tanto si sabemos a dónde nos lleva como si no, pues, en multitud de ocasiones, conocer el destino nos disuadiría. Ser consciente de lo que supuestamente tenemos que hacer nos conduciría a hacerlo en el momento equivocado y de la forma incorrecta.

Esto es así, claro está, en el contexto de un propósito global y divino e indica que lo que queremos saber es nuestra misión general en la vida, lo que podemos hacer para cambiar el mundo y para ayudar a los demás. Pero el propósito es algo mucho más pequeño y al mismo tiempo más complejo que eso.

Tu propósito es el crecimiento, estar aquí sin saber el motivo; cualquier viaje que emprendas para encontrarlo será lo que el propósito de no saberlo pretendía. Tal vez tu propósito sea levantarte una mañana, tomarte un café y tropezarte con alguien accidentalmente y que esos treinta segundos que le has hecho perder impidan que coja el tren en el que no debía viajar. Tu propósito es leer esto y hacer lo que te sientas instintivamente empujado a hacer.

La mayor parte del tiempo funcionamos a un nivel más profundo y más intrincado de lo que nos atreveríamos a reconocer. Intentamos comprender un asunto del alma con la mente, lo que evidentemente tiene su momento y su lugar, pero en realidad no estamos equipados para hacerlo.

Y lo que es más importante: el propio concepto de «propósito» no está arraigado en el yo interior, que simplemente es; no necesita una razón ni una justificación para ser. El simple acto de tratar aquello para lo que estamos destinados resulta limitante y nos mantiene funcionando a nivel mental, pues, cuando comprendemos qué es eso que estamos «destinados a hacer», de lo que hablamos en realidad es de lo que percibimos que los demás entienden que estamos destinados a hacer.

Cuando profundizamos en la sensación de contar con un «propósito», finalmente hallamos que está relacionado con otras personas. Muy pocas veces (si es que eso ocurre alguna vez) sentimos que nuestro propósito tiene que ver con nosotros mismos (siempre es claramente para nuestro propio desarrollo y crecimiento, pero esa es otra historia). Sea como sea: hacer cosas por los demás nos produce una gran satisfacción.

Pero está claro que ese argumento tiene sus fallos. Muchas personas hacen cosas no por la bondad de su corazón, sino porque saben que esos actos conllevan elogios y permiten que los otros les consideren buenas personas y los aprecien, es decir, implican un amor a nivel del ego que tal vez no provenga de los demás, sino de ellos mismos. Lo importante de hacer algo por los demás es darse cuenta de que lo que nos hace sentir bien tiene que ver con nosotros. Incluso en nuestras acciones altruistas más genuinas, las que hacemos solo porque queremos ver feliz a esa persona, por la que incluso seríamos capaces de sacrificarnos, sigue habiendo algo, un elemento que sabe que lo que estamos haciendo es «lo correcto» y que, si nos sacrificamos por otros, alguien lo hará por nosotros también. Solo podemos comportarnos con las otras personas como lo hacemos con nosotros mismos. Los demás son una extensión de nosotros.

La realidad de todo, y el truco que hay detrás, es que debemos ser siempre conscientes de nuestras intenciones y tenemos que sacar a la luz nuestras verdades más profundas, enfrentarnos a nuestros demonios, ser valientes y atrevidos, y crear algo espectacular desde esa rebeldía, esa confrontación y esa valentía. Las cosas que les llegarán a los demás son las que salen de verdad desde lo más profundo de nosotros, y son las que aceptarán y comprenderán porque las reconocen en sí mismos.

Cuando te quieres a ti mismo y actúas desde lo más profundo y genuino de tu alma, inevitablemente conectas con los demás, los ayudas de forma natural; además lo que hagas en tu vida será una inspiración para ellos. No es tanto algo que has decidido, sino más bien la consecuencia de haberte ayudado a ti primero.

E importa porque tenemos que conectar, pero no podemos hacerlo en clave de falsedad. Debemos permitir que nuestras piezas crezcan y se expandan junto con las de los demás. Hay que dejar atrás todas esas pretensiones de diferenciación ayudando a los demás como querríamos que lo hicieran con nosotros. Pero no puedes perder de vista el hecho de que para hacerlo tienes que empezar por comprenderte a ti primero.

12

Acepta quien eres
y lo que eres

S I LO PIENSAS, te darás cuenta de que el ser humano es la única especie que establece una relación consigo misma.

No vivimos solo para sobrevivir, sino que queremos entender nuestra supervivencia, analizarla, crear una imagen de nosotros «aceptable» dentro de lo que nos han condicionado a entender como tal, y creer que seguir una trayectoria marcada hará que logremos la satisfacción y la felicidad. Solo el hecho de que seamos tan conscientes de que sentimos esa necesidad de despertar, iluminación, superación y satisfacción ya es significativo. Y que no dejemos de torturarnos por las transgresiones diarias más sencillas lo es aún más.

Aceptamos esa tortura como algo propio de la condición humana, una parte inalterable e importante de nuestra existencia. Vemos lo físico como lo único; tenemos que vivir con nuestros defectos y nuestros errores para siempre. Nos aceptamos como *lo que* somos y no por *quienes* somos, sobre todo porque no nos molestamos en mirar bajo la superficie.

Incluso la idea más simple del «nosotros» es creada por nuestra mente. Es una definición ficticia a partir de (y por) la que creemos que encontraremos amor, compañía, sentido, propósito y aceptación. Y también es la más imperfecta, porque esas cosas no vienen de una idea del yo.

Cuando estaba en el instituto, mi aspecto me horrorizaba hasta tal punto que llegué al extremo de tapar el espejo de mi habitación con una cartulina naranja que me había sobrado de un trabajo. Recuerdo que me resultaba raro levantarme de la cama por la mañana y no criticar lo anchos que se veían mis muslos en el espejo, porque esa imagen había desaparecido para ser sustituida por un triste vacío naranja.

Mi apariencia era lo que me parecía más sencillo de digerir: la parte de mí que era fácilmente consumible y estaba mucho más que disponible para que la juzgaran los demás. De todas las cosas que necesitaba mejorar entonces, la peor era la de no sentirme lo bastante buena. Y cuanto más ahondaba en mi propia imperfección, más loca me volvía, porque no podía arreglarlo todo a cierto nivel, y tampoco quería. Pero eso no acallaba esa voz que decía: «Nadie te va a querer. No eres lo bastante buena». Y es evidente que esa voz no se refería únicamente a mi apariencia física; más bien era una reafirmación de que no me sentía digna de nada en ningún otro aspecto, así que centrarme en lo que me resultaba más fácil de comprender era la forma más asequible y natural de volcar esa frustración.

Hacer una confesión como esta no es nada fácil y produce bastante vergüenza, pero la hago con un propósito, como siempre que admito cosas poco admirables sobre mí. Llegué a creer que para reconciliarme con mi cuerpo debía aceptar que tenía defectos y que no pasaba nada, que tan solo tenía que trabajar para no mostrarme siempre tan insegura.

Tendemos a aceptarnos como algo que no se puede cambiar. Es lo que nos repiten todo el tiempo: que toda la vida, la felicidad y la bondad empiezan por aceptarnos como somos. Repito: como somos.

Cuando nos aceptamos «como (lo que) somos», pasamos por alto un detalle muy importante de esa afirmación tan amplia: hay partes de nosotros que en realidad no somos. Hay cosas a las que nos aferramos, dolores con los que nos identificamos, etiquetas, títulos y problemas que resultan tan intrínsecos a nuestras vidas que nos equiparamos con ellos. Somos inseguros, nerviosos, ansiosos, somos esto, lo otro o aquello tan horrible. Y resulta que no solo aceptamos todo eso, sino que lo convertimos en realidad al hacerlo.

He aprendido que yo no era una persona insegura y que la inseguridad no era algo que tuviera que asumir. No tenía que aceptarme como era, sino como no era (cuando dejé atrás todas las ideas sobre quién debería ser).

Lo que realmente quiero decir con esto es: no te aceptes como crees que eres. Demasiado a menudo la gente adopta problemas, bloqueos u otras cosas que se pueden resolver y las asume como «parte de quien es» cuando no es así. Es lo que han aprendido que es parte de ellos, lo que les han dicho que es un problema… Todo eso es veneno que han dejado que se filtre bajo su piel. Pero no tienes por qué seguir así. Te puedes sanar a ti mismo.

Lo único que necesitaba hacer (y lo que hice al final) era arrancar la cartulina y mirar mi reflejo fijamente hasta darme cuenta de que no era insegura porque necesitara aceptar mis defectos y resignarme a la idea de que tenía que vivir con ellos, sino porque mi monólogo interior subconsciente no dejaba de decirme que no valía, que nadie podía quererme y que nunca encontraría el amor ni lograría nada. Que nunca iba a ser amada. Pero como vivía atrapada en esa creencia, ocurrieron dos cosas: que luchaba más de lo que creía posible por aquello que quería, pero no dejaba de bloquear la alegría y la felicidad todo el tiempo. Y buscaba elogios, aprobación y logros con tanta insistencia que me olvidé por completo de que recibir esas cosas no te hace más feliz. Estar presente sí. Amar tu vida y hacer lo que te gusta sin pretensiones y solo pensando en el momento actual también.

Lo que yo tuve que hacer también lo podemos poner en práctica todos: arrancar las cartulinas de nuestros espejos, sentarnos delante del cristal y arrojar luz sobre la parte de nuestra conversación subconsciente que nos dice que no somos bastante, que se supone que debemos estar ansiosos, que la vida tiene que ser de una forma u otra. E incluso, aunque nos resulte muy incómodo, permanecer ahí con esa corriente de pensamiento en pleno apogeo hasta que unas gruesas lágrimas rueden por nuestras mejillas cuando al fin comprendamos que nos hemos estado autoengañando todo el tiempo.

Lo único que tenemos que hacer en realidad es encender una luz que ilumine el fondo del armario y reconocer que no hay ningún monstruo ahí dentro, arrancar la cartulina naranja y descubrir que nuestros miedos no son reales, tan solo son historias que nos contamos.

13

La única comparación posible

LA FORMA MÁS FÁCIL de calcular nuestra valía consiste en compararnos con los demás. Buscamos las imperfecciones y los defectos más fugaces y minúsculos para poder declararnos superiores. Pero esa mentalidad se basa en el relato de nuestra vida a través de la mente y las opiniones de los demás, aunque nos parezca que son nuestras.

Solo sabemos medir, comparar y evaluar porque nos han enseñado que es correcto y admirable en sociedad. Establecemos comparaciones ascendentes basadas en lo que consideramos que aceptarán las masas o al menos el grupo anónimo de «gente» al que constantemente tratamos de impresionar.

No nos detenemos a analizar que la escala en la que nos colocamos no se le puede aplicar a nadie más, que por naturaleza somos uno aunque separados conscientemente por la materia y que no solo somos buenos si somos mejores que los demás.

Porque la mentalidad de «superioridad» en contraposición con la de «alteridad» es lo que provoca las guerras y la destrucción de la humanidad. Nos resulta tan fácil aferrarnos a una comparación ascendente como permitir que nuestra mentalidad se deje llevar por una descendente.

La única verdadera medida de crecimiento es lo que ves cuando te comparas contigo mismo. Eso es lo único que importa de verdad y la razón por la que estamos aquí. Da igual si es algo minúsculo y solo tiene sentido para ti o si es enorme y está a la vista de todo el mundo. Lo único fundamental es que seas mejor que quien fuiste antes y que tengas la confianza suficiente para mirar a tu yo anterior no con vergüenza ni humillación, sino comprendiendo que necesitabas el pasado para poder compararlo con el futuro.

Yo he sido una docena de personas diferentes a lo largo de mi vida. Me he decidido y he seleccionado muchas etiquetas y títulos que he dejado que calaran en mi mente y me definieran. Y todas las veces, sin excepciones, me he convertido en lo que me he empeñado en ser. Después, con el tiempo, todas han desaparecido, porque son identidades temporales con las que no me sentía conectada, sino que más bien sabía que estaban inspiradas en las ideas que otras personas tenían sobre mí.

Creía que la única realidad era la forma en que me calificaban los demás y lo que opinaban de mí. Según esa lógica, compararme con ellos era la única manera de determinar mi verdadero valor. Lo que importaba era saber lo que concluían sus mentes tras la comparación. Pero era tremendamente insano: alimentaba las inseguridades de los otros y era desleal conmigo.

Lo fundamental ahora es reconocer que no era quien era entonces y que ya no utilizo esas palabras ni esos medios externos para definirme, no lo necesito. Puedo quedarme tranquila porque sé que soy una esencia, no un papel, y que las percepciones de los demás sobre mí no son más que extensiones de sus propias realidades, las que han creado para ellos. Y que todas las personas con las que me comparo algún día tendrán que aceptar la realidad de quiénes son y quiénes no, y que no solo son tan buenos como logren convencerse de que son, sino que son mejores que los demás. Porque todo esto es un juego de la mente y nada más que una ilusión.

Solo creerás que eres mejor que los demás si entiendes que no existe el concepto de «mejor» o «peor» cuando se trata de comparar a personas. Únicamente lo dejarás atrás cuando no necesites esas declaraciones subjetivas y sin importancia para mantener tu confianza. Y eso ocurrirá solamente cuando encuentres algo más profundo en tu interior que merezca la pena valorar. Es lo que ocurre si estás orgulloso de ti mismo por haber crecido y del resultado de permanecer en tu camino cuando existe la tentación de compararte con los demás; eso es un delirio del que puedes participar o no. Al final, tú eres la única persona afectada.

14

La mente implacable

SOLO ACTUAMOS DE FORMA CRUEL con los demás porque lo somos con nosotros mismos. Somos extensiones de las otras personas y nuestra manera de relacionarnos con ellas es solo una proyección de la mirada que tenemos sobre nosotros mismos.

La idea de que te mereces tu propia bondad le resulta extraña a mucha gente, que cree que manteniéndose en la mentalidad de asumir que son malos por naturaleza se están protegiendo y siendo conscientes de cómo son realmente. Asumen que la consciencia en la que tienen que centrarse es esa que los vincula a la maldad perpetua. Irónicamente, ese es el único lugar desde el que de verdad pueden llegar a hacer algo malo. Si fomentas que tu posición por defecto sea «estoy molestando a alguien», pensarás lo mismo de los demás inevitablemente. Es un círculo vicioso infinito que forma parte de los mecanismos de la mente.

No vas a ser mejor que nadie por hablar mal de ti todo el tiempo; con eso solo estás limitando las posibilidades de lo que podría ser. Es un mecanismo de defensa; si podemos asumir de forma natural lo que otras personas piensan de nosotros, estaremos protegidos ante su inminente crueldad, porque ya somos conscientes de todo. Pero no es cierto. La consciencia sirve para combatir muchas cosas, pero esto no.

Tú, más que nadie, necesitas volcar en ti tu propia bondad, tanto en momentos tan intensos como cuando estás al borde de una crisis, como en otros tan simples y rutinarios como prepararte para el día que tienes por delante. La verborrea que permites que emita tu vocecilla interior a lo largo del día tiene un impacto profundo en ti, tanto si eres consciente como si no.

Ser realista significa ser consciente de lo que es y lo que no, y elegir aceptar las cosas que no son perfectas, porque la idea de lo que «debería» pertenece a otra persona y tú la estás adoptando. «Realista» es ser consciente de ti mismo como persona completa, que a veces no es tan increíble en algo como lo es otra persona, o no vive aprove chando al máximo su potencial y no hace lo que «debería», pero que lo intenta y decide no hacerlo por alguna razón que conecta mejor con ella por un motivo más profundo.

No te estás dejando llevar por el delirio de quererte. A mí también me ha embargado ese mismo miedo desde siempre: si no soy consciente de lo que «dirán otras personas», estaré fuera de la realidad y solo existiré en mi subjetividad, que al final solo será una ficción delirante por la que terminaré convirtiéndome en unas de esas personas que no son lo bastante autoconscientes para reconocer que están cometiendo un error.

Sin embargo, eso no podría estar más lejos de la realidad.

Si crees que la realidad es lo que sea que «dirán otras personas», te pasarás el resto de tu vida caminando por un terreno peligroso. Nunca encontrarás la satisfacción o la aceptación porque las opiniones volubles de los demás cambian a la vez que ellos. En realidad, lo que piensan no versa sobre ti, sino sobre ellos mismos.

La única opinión que merece la pena alimentar es la tuya, que proviene de reconocerte como un ser humano «imperfecto» pero que intenta hacerlo lo mejor posible. Tienes que concederte esos gestos de bondad, porque nadie más está obligado a hacerlo por ti. Así como creer en la negatividad te convencerá de que solo vales lo que otras personas piensan de tus errores y defectos, creer en lo positivo te dejará claro que mereces amarte a ti mismo solo por intentarlo y por ser.

«Ser» es lo único que se necesita. La desconexión viene de entrenar tu mente para imitar a tu alma. Cuando domines a tus demonios, verás que se abren las aguas de la lógica y la razón, y que de ahí emerge la luz, la sinceridad y la franqueza.

Ahora no tienen importancia los daños colaterales que te han causado las batallas internas de los otros. Solo tienes que acabar con tu propia guerra y abandonar el campo de batalla. Empieza por algo tan sencillo como ser bueno contigo mismo y darte cuenta de que, hasta que no lo seas, no podrás aceptar los sentimientos de otras personas.

15

Encuentra tus propias experiencias espirituales

Llevo conmigo mis propias biblias. Sé que el uso poco convencional de esta palabra puede provocar cierto rechazo, porque nos han enseñado a reaccionar así cuando se utiliza algún concepto religioso fuera del contexto sagrado y eclesiástico. Pero no hay una forma más precisa y clara de expresar lo que quiero decir y enfatizar específicamente: que debes tener tus propias biblias.

La esencia de la experiencia espiritual es entrar en contacto con tu humanidad, normalmente utilizando formas sencillas y cotidianas, que son en las que se manifiesta de forma más *potente*. La cuestión es darse cuenta de que las cosas que no son ni mecánicas ni lógicas vienen de otro sitio, aunque eso signifique la parte de nosotros que no funciona exclusivamente para la supervivencia. Por la naturaleza de su origen, esas cosas suelen ser las más importantes a la hora de llegar a adquirir conciencia de ti mismo y no es raro que aparezcan ante nosotros en forma de arte (a falta de una manera mejor de decirlo).

Eso lo vemos y lo sabemos porque son las obras de «arte» las que nos cambian. No son las experiencias que tenemos, es lo que decidimos hacer con ellas cuando terminan. Es el significado y la belleza de ser conscientes de nosotros mismos, y lo que encontramos en la camaradería que surge de un extraño reconocimiento. Descubrir lo que significa ser consciente e identificar la espiritualidad en nuestra vida cotidiana surge de la observación de lo que ya es y de la comprensión de cómo nos cambia el «arte» (en cualquier forma en que se nos presente, ya sea a través de frases o pinceladas): ahí encontramos las respuestas que necesitamos, sobre todo cuando no sabíamos que estábamos haciendo preguntas.

Tanto si nos damos cuenta como si no, durante toda nuestra vida nos rodeamos de estas cosas y las cultivamos. Si quieres saber algo más sobre ti mismo, mira a tu alrededor. Y si quieres conocer lo fundamental, pregúntate por qué dichas cosas están ahí.

En mi caso, esas biblias propias de las que hablaba son libros, obras que me han cambiado y, aunque pueda sonar tópico, lo digo sinceramente. Hay algunos mensajes que te abren a otra verdad, te muestran ante ti mismo, te animan a cambiar de dirección, y tú, sencillamente, lo haces. Los libros que han hecho algo así por mí encierran un gran peso entre sus páginas. Sus encuadernaciones ya están gastadas, pues siempre los llevo conmigo por si necesito consultar una línea, un párrafo o una trama secundaria que haga que todo tenga sentido en mi vida. Eso me guía y me cambia. O, mejor dicho, transforma mi forma de ver lo que está pasando a mi alrededor.

Suelo sentarme a escribir la mayor parte de mis textos en una habitación con tres grandes ventanas. Frente a mi escritorio hay una pared con una lista escrita con tiza. El primer elemento de esa lista es este:

«Todo es energía y eso es lo único que hay. Sincronízate con la frecuencia de la realidad que quieres y no podrás evitar conseguirla. Esto no es filosofía. Es física».

EINSTEIN

El resto de elementos son: «He aquí tu vocación», «Sé una persona», «El futuro tiene el corazón antiguo», «Esto también pasará», «Abandona la esperanza». Y hay unos cuantos más.

«He aquí tu vocación» es una frase grabada sobre la entrada este de la catedral de Washington D.C. Continúo sintiendo una profunda conexión con estas palabras. He leído esta frase muchas veces durante los últimos cinco años, pero solo ahora comprendo y advierto que el sentido es más importante que la felicidad. «Sé una persona» forma parte de una frase que he escrito muchas veces y que significa que todas las expectativas, las etiquetas y los juicios son míos y puedo dedicármelos si quiero, pero de forma inherente solo soy una persona que fluctúa y cambia. «El futuro tiene el corazón antiguo» es una cita que extraje de un libro que leí con voracidad durante los primeros meses de mi transformación y que se refiere al conocimiento de lo que no podemos saber de ninguna forma y la comprensión de uno mismo como cocreador de lo que es y lo que será. «Esto también pasará» es una frase de consuelo que me dedicaba mi madre cuando era niña y estaba experimentando un momento especialmente malo. «Abandona la esperanza» es una enseñanza budista que me sirve para recordar que no debo esperar a mañana para salvarme. Y podría seguir.

Lo que estas frases tienen en común es que todas ellas tienen cierta carga para mí. Me transmiten una sensación de revelación, de despertar, de comprensión, de haberme librado de un peso. Son lo que he descubierto que es verdad. Y provienen del reconocimiento de la verdad colectiva que deriva de experiencias individuales que fueron documentadas para que otras personas puedan sentirse conmovidas por ellas.

Pero, evidentemente, el sentido de esto no es compartir contigo la lista de frases que tengo en la pared, sino transmitirte que se trata de experiencias espirituales por naturaleza. Por sencillas que suenen, estas palabras me han cambiado, me han abierto a recibir una luz más intensa y he aprendido a rodearme de ellas. El arte que consumes y las actividades que te esfuerzas por realizar a diario, al margen de las necesidades básicas para la supervivencia, transmiten algunas cosas o incluso las expresan todas. Y me parece que la forma de fomentarlas es tu manera de conectar.

Creo que el camino hacia la espiritualidad tiene dos variantes: el arte y la experiencia. Porque el arte nunca trata de contarte una historia, sino de presentar las circunstancias en las que puedes mirar otra cosa y verte a ti mismo. La experiencia es algo que tienes que fomentar de forma rutinaria, pero al final descubres que, gracias a la repetición, toda tu vida se convierte en una extensión de esa práctica; empiezas a respirar profundo cuando estás estresado sin tener que recordártelo o piensas en una frase que has leído en cuanto sientes que puedes entrar en pánico. Y de repente te encuentras mejor. Ese es el objetivo. Así que encuéntralo. Y créalo.

La literatura no se disfruta, el arte no se admira y la vida no se saborea si te fuerzas a sentir algo que no está ahí. La vida, el arte y la literatura que nos han dicho que debemos elogiar en muchas ocasiones son realidades escurridizas, raras y tan ajenas a la gente que es difícil sentirse conmovido por ellas. Nadie tiene tiempo para crear y consumir productos que no le emocionan. La grandeza está cifrada en tu interpretación de la expresión.

El buen arte no es aquel conceptualmente único y bien ejecutado, aunque ese también tiene su papel. No tiene que ser algo popular, que se consuma de forma masiva ni sea apreciado por el público en general. Solo debe despertar la consciencia y darle sentido a una experiencia, cambiar una perspectiva, documentar una realidad o contar una historia. Es lo que queda cuando arrancas una parte moribunda de ti y se la muestras al resto del mundo para que pueda identificar también sus partes muertas. Es un poco mejor que tu mayor logro hasta el momento, un paso más allá de lo que te atreves a ir, un intento de tomar la dirección que parece inevitable de todas formas.

No es eso tan complicado que su ejecución queda reservada para unos pocos tocados por el talento. Ni lo que resulta incomprensible para los profanos y solo apto para quienes tienen una educación exquisita. Ni lo que muestra una expresión que una figura de la sociedad declara sublime para que enseguida hordas de gente sigan su estela y muestren su conformidad.

No creo que conectar consista en añadir algo a tu rutina, sino en tomarte el tiempo de atravesar la estructura y descubrir que, en el silencio, solo con sentarte y dedicarle tiempo a eso que te encanta, encontrarás una vida que te cambie y te sane.

Cada vez que paseamos con los auriculares puestos, que avanzamos por la pantalla para ver otro *feed* u hojeamos las páginas de un libro, estamos llenando nuestros momentos de silencio con los pensamientos de otras personas, una energía nueva y extraña. No hay nada intrínsecamente malo en eso: la música es relajante, sumergirse en las vidas y los asuntos de los demás es entretenido y los libros están llenos de información y pueden ser instructivos, pero al final esas cosas no son más que distracciones. Nos añaden otro nivel de pensamiento y, por tanto, de exigencia.

Conectar a diario es importante. Podría enumerar una docena de cosas que he aprendido y que han cambiado significativamente mi vida, pero no serían tan importantes como esta que te voy a decir: tienes que tomarte un tiempo para simplemente sentarte, a solas, sin nada a tu alrededor y sin que esté pasando nada más.

Al principio será incómodo. No hace falta que cierres los ojos porque no vas a meditar. No tienes que sentir que debes luchar con tus pensamientos; deja que fluyan. Pero, según vayas practicando y mantengas durante periodos cada vez más largos este ejercicio de simplemente estar sentado sin hacer nada, empezarás a ver que los pensamientos, las preocupaciones y las energías de las cosas que hay en tu vida se van alejando poco a poco. Y lo que te queda es lo importante.

La creatividad y la inspiración no vienen de una estructura predeterminada. Ni tampoco la perspectiva y la intuición. La estructura solo sirve al ego. Nos permite seguir centrados en algo que es irreal pero satisfactorio, porque, si lo seguimos hasta el final, recibiremos el amor y la admiración de los demás.

Aprender a estar sentado sin más es una práctica que te vincula con algo más grande, te libera de lo externo, te sitúa cara a cara con lo interno y permite que puedas encontrarte con quien realmente eres, que es una presencia y una energía. Y cuanto más tiempo pases sentado y centrado solo en eso, mejor entenderás que tu intuición te puede guiar, y te comprenderás sin cuestionarte ni sentir la necesidad de caer en las trampas de las etiquetas y cosas por el estilo. No se trata de encontrar tu centro, sino de destaparlo: esa es la única tarea realmente necesaria.

No hablamos de tener o crear experiencias espirituales, sino de darnos cuenta de las que ya están teniendo lugar.

16

Cómo entiendes lo bueno y lo malo

SIEMPRE HE ESTADO TENTADA de materializar la idea de una huida y reclusión definitivas y permanentes.

Nunca he visto morir a nadie, aunque me ha faltado poco, segundos, en realidad; siempre he podido escabullirme antes de que ocurriera. Alguna vez he sido la única persona presente en una habitación acompañando a un pariente moribundo, esperando, tensa y sentada al borde de la silla, con el sonido de ese último aliento vacilante, pensando en tener que ir a buscar ayuda, planeando salir corriendo en cuanto pudiera. Nunca he verbalizado ese miedo. No me di cuenta de que estaba ahí hasta que descubrí mi patrón de desapariciones justo antes de que alguien se fuera. Me llama la atención la forma tan clara y fácil en que me planteo la idea de mi muerte cuando temo tan profundamente la muerte de los demás.

Es el misterio del fallecimiento. Es la fragilidad. Es la separación del cuerpo y el alma; un cuerpo vacío es algo que me resulta casi ofensivo. No quiero amar ese conjunto de células y tejidos. Quería a la persona que residió bajo todo eso durante tantos años. El cuerpo son las cenizas, lo que queda.

Tal vez estar tan cerca de un cuerpo vacío hace que los vivos, en comparación, parezcan mucho más presentes, con más energía. Como pasa con todos los miedos, me he dado cuenta de que tiene poco que ver con los que mueren y más con la muerte. No se puede hacer nada con el momento en que ocurre, pero sí muchas cosas con lo que significa en un sentido más amplio y existencial.

Hay algo presente en la habitación cuando muere alguien. Una energía tangible, una tensión, una levedad latente.

Y se nota algo más profundo, más denso, más presente cuando alguien se quita la vida.

Se produce un rechazo de la consciencia violento, abominable, que aparece en los últimos momentos elegidos de una vida.

Y cuando llega de manera silenciosa contrarresta la convicción más férrea.

ERAN CASI LAS TRES de la madrugada y una amiga y yo acabábamos de salir de una fiesta, exhaustas, para ir a coger el último tren de vuelta desde Brooklyn a Manhattan. Las dos íbamos caminando mecánicamente sobre la nieve de enero hacia el calor de la estación de metro, con tacones y unos abrigos cuyos dobladillos rozaban el borde de nuestros vestidos.

Teniendo en cuenta la hora que era, había mucha gente y escuchábamos las risas escandalosas de las demás personas que había por allí, algunas borrachas, otras heladas de frío y varias entretenidas en los cotilleos sobre lo que había ocurrido esa noche. Miraba a mi amiga y veía por el rabillo del ojo el túnel oscuro. Recuerdo perfectamente nuestra conversación, porque después la recordaríamos y nos reiríamos algo avergonzadas: qué simple e infantil sonaba todo a la luz de lo que ocurrió en los momentos y horas posteriores.

Seguimos hablando despreocupadas, entre risas. Volví a mirar el túnel, que estaba detrás de ella.

Recuerdo que, durante un segundo fugaz, pensé: qué fácil sería para alguien tirarse delante del tren… Y me lo imaginé.

Y no consigo olvidar que, minutos después, entre alaridos y otras expresiones indescifrables de pánico, le grité a ella como una loca: «Sabía que iba pasar, lo sabía, tienes que creerme, por favor. Sabía que esto iba a pasar».

Mi convicción creció, pero mi voz bajó hasta convertirse en un susurro mientras repetía mentalmente:

«Sabía que esto iba a pasar».

Mientras seguíamos charlando y riéndonos miré a mi amiga durante un segundo y después volví a fijarme en las vías. Justo entonces apareció andando entre ellas una mujer asiática muy alta, con un plumas fino y una mochila. Tenía las manos metidas en los bolsillos y miraba sin ver las luces del metro que se acercaba. En su mirada había tan poca vida que ese instante se quedó grabado para siempre en mi memoria. La presencia de un cuerpo ya vacío. Una nada palpable.

Había mucha gente en el andén. Y me resultó interesante, y aún me lo sigue pareciendo, el papel que asumió cada uno. Todavía hoy analizo durante horas quién le tendió la mano, quién pareció mostrarse indiferente, quién estalló en carcajadas nerviosas, quién llamó a la policía y quién se quedó mirando, incapaz de reaccionar. Y también analizo lo que hice yo, en un momento de pura emergencia, sin pensar.

Sé que chillé y que la policía me oyó desde la parte alta de las escaleras. Y que marqué rápidamente el teléfono de emergencias, aunque sabía que allí abajo no había cobertura. Mi pensamiento y mi reacción fueron «conseguir ayuda», no «proporcionar ayuda»; no «ayudar», sino encontrar a alguien que la ayudara. Todavía intento saber qué dice eso de mí.

Me imaginé alejándome de los restos de un cuerpo destrozado, o algo peor. Pero no lo hice. Ni mi amiga ni yo fuimos a ninguna parte. Aunque podríamos habernos dado la vuelta y haber subido las escaleras para buscar ayuda y cobertura, me sentí obligada a seguir allí mismo, donde estaba, hasta el último momento.

Recuerdo los tacones de mi amiga frente a mí mientras ella agitaba los brazos, intentando llamar la atención del conductor para que parara. Pero sobre todo tengo presente el momento en que las dos entendimos lo que estaba a punto de pasar y gritamos a la vez. Creo que desde entonces las cosas entre nosotras han cambiado. A estas alturas de la humanidad, en el lugar donde vivimos y con la cultura que nos rodea, cuando te ocurre algo que te hace gritar con un pánico feroz e instintivamente humano, eso te cambia para siempre.

Pero no cuento esta historia por ese acontecimiento duro y horrible.

Ni tampoco por la extraña forma en que supe lo que iba a ocurrir antes de verlo.

Lo hago por la reacción de algunas de las personas del andén. Cualquiera diría que lo peor que tuve que presenciar entonces fue el momento en que esa mujer, en plena noche de sábado, decidió que no merecía la pena seguir adelante, pero no. Lo más espantoso fue ver cómo algunas personas simplemente se fueron y siguieron con su vida, murmurando mientras se alejaban, soltando carcajadas, y diciendo cosas como: «Dios, tengo que largarme de Brooklyn cuanto antes». Otro se iba cabreado: «De verdad que no tengo tiempo para esta mierda ahora». Otra persona comentó: «Solo quería comerme una pizza y volver a casa», después se echó a reír y se fue caminando en la dirección opuesta.

No fui del todo consciente de la furia que sentí, pero me di cuenta de que provenía del mismo lugar donde notaba que la ausencia de esa mujer me había afectado. Recuerdo que subimos tambaleándonos a Union Square y esquivamos varios coches para parar un taxi que nos llevara a casa. Hicimos el trayecto de veinte minutos hasta el Upper West Side en silencio. Recuerdo que me desperté a la mañana siguiente (o, más bien, un par de horas después) y durante un segundo me sentí en paz, pero enseguida, inevitablemente, un recuerdo fugaz del primer momento en que vi a esa desconocida, aquella mujer, y sentí lo que fuera que me embargó, me hizo revivirlo todo, repasar los detalles de lo que había presenciado y volver a sentir el pánico y el miedo. Porque esa nada y esa desesperación me resultaban familiares.

Son experiencias como esa las que complican el proceso de encontrar la paz y el propósito en *todo*. Cuando nos enfrentamos a algo tan trágico queremos darle un sentido, comprenderlo e indignarnos por algo que sentimos que es tan injusto. Pero no todo el mundo lo percibe así. Esas circunstancias son las más complicadas de encajar en una perspectiva más amplia, pero tal vez sean también las más importantes.

Surge una cierta libertad de reconocer cosas que están de forma inherente y de comprender que lo positivo, lo negativo, la levedad y la densidad son valores que asignamos basándonos en nuestra experiencia subjetiva de lo que tenemos en comparación con lo que queremos para suplir una falta total de algo. Y es esa falta lo que tememos. No existe un valor real, solo lo que percibimos que vale. Pero la creación de ese concepto, ese valor que nos da espacio, también nos regala la libertad para construir algo que percibimos como bueno o mejor desde la destrucción de lo que conocíamos antes.

La realidad en este caso es que, aunque el dolor que provocan algunas cosas imposibilita que sintamos que no existe la idea de «lo malo», lo que de verdad nos demuestra es lo profundamente en deuda que estamos con esa idea. Pensamos que la muerte es mala porque es algo desconocido. Me indignó la gente de la estación de metro que no expresó empatía por la mujer, pero tal vez no se trataba de lo que no eran capaces de expresar, sino que tenía que ver con el hecho de que no eran capaces de calibrar la gravedad de la situación. Tal vez no lo vieron como algo trascendental. O fue un mecanismo de defensa. Es posible que reaccionaran así solo para que alguien como yo pudiera verlo y reevaluar los juicios que hacía de ellos.

Incluso las peores cosas están vinculadas con nuestro propósito. Hasta las más confusas son medios para alcanzar un fin. Por eso te pasas la vida de una de estas tres formas: riéndote del sufrimiento, sometiéndote a él u observándolo y analizándolo para que los demás también lo comprendan.

17

Lo opuesto
a la condición humana

UNA DE LAS COSAS más nobles y provechosas que podemos hacer todos es evaluar nuestra consciencia y sacar a la luz lo que está produciendo oscuridad. Pero para hacerlo tenemos que darnos cuenta de que tenemos elección. Estamos condicionados, programados, arrastrados por una energía incontrolada hasta que empezamos a sacar todo eso, a desentrañar lo que pensamos que es inherente y a cuestionar lo que creemos que es definitivo para descubrir que eso controla nuestra vida. Y decidimos llamarlo «destino».

Ser humano no es algo que sepamos definir bien. Técnicamente es la característica del ser; en otros contextos es la característica de ser *bueno*. Eso solo araña levemente la superficie del todo, pero dice bastante de nosotros: que lo que somos es la consciencia y que la única revelación que estamos dispuestos a reconocer es la que no nos provoca rechazo.

No nos permitimos desarrollar nuestra condición humana. Vamos directos a lo opuesto: acciones mecánicas, aprendidas de memoria de gente que cree y siente, pero que pocas veces hace ambas cosas al mismo tiempo. Decimos que somos conscientes, pero ¿lo somos en realidad? ¿Somos conscientes de lo que está pasando o de que lo somos? ¿Estamos interesados en la forma en que las cosas pasan *para* nosotros o nos fijamos en cómo pasan en relación con nosotros?

En realidad no dividimos nuestra vida en años, sino en segmentos de ideas que tienden a unirse y crearse en momentos de consciencia tranquilizadores e intermitentes. Eso es lo que provoca el cambio. Nuestra percepción de la existencia es subjetiva, la podemos controlar, aunque nos enseñan que no podemos. Vivimos ideas simuladas de lo que es y la única vez que buscamos algo más es cuando cuestionamos las cosas y nos damos cuenta de que pueden ser diferentes. Nuestras vidas se mueven por la naturaleza del proceso de convertir lo inconsciente en consciente. De hecho, normalmente es solo en esos momentos cuando podemos hacer algo para cambiar, evolucionar y crecer.

Si observas la habitación en la que estás sentado, te darás cuenta de que no es la misma que viste cuanto entraste allí por primera vez, haya pasado el tiempo que sea. Se ve diferente y la sensación es distinta. Ha cambiado tu percepción de ella de forma totalmente subconsciente; esa es la experiencia que has creado: el brillo de una cierta luz que una vez pareció romántica ahora resulta demasiado intenso, lo que una vez fue espacioso y nuevo de repente parece gastado y algo estrecho. Esas percepciones no tienen que cambiar necesariamente de forma negativa y, obviamente, varían más allá de los rasgos físicos generales de una habitación; no obstante, creo que me has entendido. Todos sabemos cómo es mirar al pasado, a un cierto periodo de tiempo, y sentir que eso era otra vida, porque en realidad es así.

Pero muy pocas veces nos ponemos a pensar en lo que ha cambiado o *por qué* las cosas parecen diferentes ahora: más pesadas, más duras, más ligeras o más fáciles. La única vez que nos percatamos de esas cosas es cuando tocamos fondo, como se suele decir, cuando ya no nos queda más opción que cambiar. Cualquiera que haya estado en ese punto puede decirte que no llegas a lo más bajo una sola vez. Normalmente no ocurre un único evento catastrófico que te despierta y te cambia.

No llegamos a caer a lo más profundo: alcanzamos los extremos de las ilusiones que podemos mantener. Y no es un lugar al que llegues una sola vez y nunca más, sino que rebotas contra el fondo de ese abismo hasta que te das cuenta de dónde estás.

Ese punto de inflexión siempre tiene que ser el mismo. La característica que define ese momento tan bajo no es que nos veamos envueltos en días y en pensamientos oscuros y sórdidos, sino que somos conscientes de ello por primera vez. Es el momento en que llamas a tus padres para decirles que necesitas ayuda, en que ingresas para recibir tratamiento o cuando te das cuenta de que reventar consiste en abrirse y ver lo que hay dentro. Como pasa con todo, nuestras horas más oscuras funcionan dentro de una dualidad, porque, a través de ellas, encontramos el momento de volvernos hacia la simple consciencia. Y ese es el punto que buscábamos.

Dejamos de planteamos el problema teórico de por qué brilla la luz para reconocer que hay luz y que eso es todo lo que habrá. Nunca significó nada más que la creencia que le asignamos, aunque fuera la base, la caja de resonancia o las cuerdas que vibran con nuestros pensamientos, momentos y acciones para darnos el sonido y la reverberación de nuestras experiencias. No podemos escapar de ellas, pero podemos controlar su naturaleza.

Para los cuatro o cinco de vosotros que no hayáis oído, visto o leído el discurso de graduación que dio David Foster Wallace en el Kenyon College en 2005, empezó contando una anécdota sobre dos peces que van nadando el uno junto al otro y se encuentran con un pez más viejo que les dice: «Buenos días, chicos, ¿cómo está el agua?». Los dos pasan a su lado y siguen nadando, pero, al rato, uno de los peces le pregunta al otro: «¿Qué demonios es el agua?».

El significado de esta historia es que las realidades más obvias son las más difíciles de ver, de comprender y, sobre todo, de las que más cuesta hablar. La que he contado antes es seguramente una de ellas.

Wallace se refiere al simple hecho de que vivimos vidas superficiales en las que pocas veces nos paramos a reflexionar sobre nuestra posibilidad de elegir cómo pensamos. Es decir, nosotros somos quienes les damos valor y sentido a las cosas, pues la mentalidad lo conforma todo y además puede cultivarse. Elegimos pensar como lo hacemos y volvernos autoconscientes. Podemos dejar que nos afecte algo o cuestionarnos por qué. Escarbar debajo. Cambiar, evolucionar, convertirnos en otra cosa. O no.

Cuando dejamos de considerar que las circunstancias son las responsables de nuestro estado interno, de repente no necesitamos controlarlas. Nuestra felicidad no es accidental; nuestra paz es inherente. Cuando nos encontramos con un bloqueo (una situación de tensión en una relación, el estrés del día a día), dejamos de luchar con los síntomas y nos centramos en las causas, los orígenes, lo que siempre nos lleva de vuelta a lo mismo: a nosotros. Y nosotros siempre acabamos dirigiéndonos a un cambio.

No necesitamos sufrir para crecer; lo hacemos como resultado de una falta de crecimiento.

Normalmente es una consecuencia de que solo aceptamos de forma inmediata e inconsciente lo que nos parece «bien». Pero la verdad es que «los malos sentimientos» no son negativos de por sí. Si no dudas de ti mismo, si no te cuestionas, si no experimentas ansiedad, tristeza, depresión, pérdida o dolor, no serás del todo humano. Es lo opuesto a la condición humana, que requiere que extrapoles el momento y sientas el dolor, porque nunca te han enseñado cómo pensar por ti mismo y asignar personalmente los valores. El sufrimiento de la vida es sano; no es algo de lo que haya que protegerse, sino que deberíamos dejarle el camino libre para que nos haga conscientes de lo que está demasiado arraigado. No se trata de no sentirlo, sino de dejar que pase y aprender y crecer en consecuencia.

La mayoría de las cosas son a la vez sublimes y hermosas. Tienden a coexistir. Hay unos cuantos sentimientos hermosos que son trágicos y tristes al mismo tiempo y, aun así, los asumimos, nos abrimos a ellos, nos dejamos llevar por su corriente y los aceptamos. También hay cosas tristes que nos provocan pánico, pero nos convencen de que necesitamos cambiar. Yo nunca he dejado de sufrir, pero sí de ver el sufrimiento como algo definitivo. Empecé a cuestionarme por qué, qué condicionamiento me llevaba a sentirme de cierta forma, qué elemento de mi ego me hacía actuar de la manera en que lo hacía. Y no es que nunca me deje llevar por la preocupación, ni que siempre sea infalible en los análisis de mis emociones, pero por encima de todo lo intento.

Para enfrentarte a un sentimiento, una vez descubres su origen, solo tienes que sentarte a sentirlo, concederle algo de espacio. Lo único necesario es algo muy sencillo: permitirte ser humano. Conoce bien tu naturaleza humana. Siéntate a analizar lo que no está bien y repítelo en voz alta todas las veces que haga falta hasta que empieces a verlo como algo divertido e irrelevante. Las cosas que

ocultamos en nuestro interior son las que más poder encierran. La mente subconsciente puede llegar a ser más fuerte que la consciente. Recupérala
acercándote a ella. Si ser humano es la consciencia, entonces la alternativa más oscura y pesada es
permanecer ajeno a ella. Y, como te dirá cualquiera, las cosas pesan siempre mucho más cuando te
las guardas.

Acerca de la autora

BRIANNA WIEST es la autora superventas interna-
cional de *101 reflexiones que cambiarán tu forma
de pensar, Ceremonia* y *El año que cambiará tu
vida,* todos publicados por esta editorial. Sus libros han vendido más de un millón de ejemplares
en todo el mundo y aparecen regularmente en las
listas de *bestsellers* internacionales. Sus obras se
han traducido a más de veinte idiomas. Vive en
Big Sur, California.

briannawiest.com
instagram.com/briannawiest
facebook.com/briannawiestauthor
pinterest.com/briannawiestwords

101 REFLEXIONES QUE CAMBIARÁN TU FORMA DE PENSAR

ANTOLOGÍA DE ENSAYOS Y MEDITACIONES

La presente selección incluye reflexiones sobre por qué debemos perseguir el propósito por encima de la pasión, abrazar el pensamiento negativo, ver la sabiduría en la rutina diaria o ser conscientes de los sesgos cognitivos que crean nuestra manera de ver la vida, entre muchas otras.

CEREMONIA

UN LIBRO PARA AQUELLOS QUE ESTÁN A PUNTO DE CONVERTIRSE EN QUIENES REALMENTE SON

Esta obra es un recordatorio de que no estamos hechos para encajar perfectamente en este mundo, sino para forjarnos un camino propio. Es un recordatorio de que somos uno con los demás y con la naturaleza misma; de que llevamos dentro el potencial latente de todas las posibilidades futuras que podamos concebir.

EL AÑO QUE CAMBIARÁ TU VIDA

365 DÍAS PARA CONVERTIRTE EN LA PERSONA QUE REALMENTE QUIERES SER

Si te encuentras en un punto de inflexión —es decir, si todavía estás intentando salvar el espacio que separa lo que estás experimentando en la vida de aquello que en verdad anhelas para ti—, recuerda que la persona en la que te convertirás ya vive en ti. El viaje de un punto a otro sencillamente está convenciendo a tu mente de que actúa en consonancia con lo que tu corazón ya sabe que quiere hacer.